人をつなげる観光戦略

人づくり・
地域づくりの
理論と実践

橋本和也 編
Kazuya Hashimoto

ナカニシヤ出版

目　次

00　序：人をつなげる観光戦略 —————————————— *1*
橋本和也

1　はじめに　*1*
2　本書ができるまで　*2*
3　本書の構成　*3*

第Ⅰ部　観光の実際

01　大学における「観光学理論」はどこに向かうべきなのか？ ————— *14*
遠藤英樹

1　はじめに　*14*
2　「理想の時代」「夢の時代」から「虚構の時代」へ　*15*
3　社会的変容と結びつく大学改革　*16*
4　移動の時代　*20*
5　新自由主義的なグローバル資本主義のもとでの大学　*22*
6　観光関連学部・学科の創設　*25*
7　むすびにかえて：媒介のコスモポリタニズム　*28*

02　観光まちづくり論の変遷における人材育成の位置づけ ————— *32*
経営・政策志向を相対化する視点の必要性
堀野正人

1　はじめに　*32*
2　観光まちづくり論の変遷　*33*
3　自立と依存という両義性：観光まちづくりと旅行業の新たな関係　*40*
4　観光まちづくりの人材とは　*44*
5　おわりに　*48*

03　県観光政策の財政問題 ————————————————— *52*
観光人材育成の可能性
金武　創

1　県観光政策と地域創生戦略　*52*
2　観光インフラストラクチャーの一翼を担う県観光条例　*55*

ii

    3　中期的な取り組みとしての観光計画　*58*

    4　2016 年度当初予算編成で示された県観光政策　*62*

    5　県観光政策の人材育成の可能性　*67*

第Ⅱ部　観光の実践

04　観光まちづくり人材を人類学的手法で育てる ——————— *72*
森　正美

    1　問題意識と目的　*72*

    2　ポストディスプリナリな観光まちづくり人材育成にむけて　*74*

    3　育成する人材像のズレ　*76*

    4　文化人類学的視点・手法とは何か　*79*

    5　大学教育における実践事例　*80*

    6　市民・行政との協働における観光まちづくり人材育成　*87*

    7　おわりに　*92*

05　コンテンツツーリズムによる人づくり ——————— *96*
創造型観光における観光教育とは
片山明久

    1　はじめに　*96*

    2　事例研究　*98*

    3　考察：事例からの発見　*103*

    4　「観光者としての教育」の必要性　*107*

    5　創造型観光における観光教育　*109*

    6　おわりに：創造型観光における観光教育の目指すもの　*112*

06　観光まちづくり人材としてのファシリテーターの役割 ——————— *115*
滋野浩毅

    1　はじめに　*115*

    2　「中間に立つ」役割を担う人材について　*117*

    3　筆者によるファシリテーションの事例　*123*

    4　考　察　*137*

    5　まとめにかえて：
    　　「観光まちづくり」におけるファシリテーターの役割とは　*140*

目　次　*iii*

07　アートプロジェクトにおける観光文化の創造 ———— *144*
地方開催の国際芸術祭運営に関わる人々の協働と住民のアート実践　　山田香織

1　はじめに：旅の目的地としての芸術祭　*144*
2　地方開催の国際芸術祭における実施運営体制：「瀬戸内国際芸術祭」を例に　*146*
3　住民の芸術祭への関わりの様態：ある離島の事例から　*154*
4　おわりに：観光文化創造の現場としての芸術祭　*162*

第Ⅲ部　まとめ：観光人材育成のための理論に向けて

08　人づくり・地域づくりのための理論の構築に向けて ———— *168*
橋本和也

1　はじめに　*168*
2　「観光人材」研究の特徴　*169*
3　「萌芽段階」：「3人のバカ者」論　*171*
4　「新入者の加入」：新人研修とイニシエーション儀礼　*172*
5　「連携」と「翻訳」：
　　2種類のコミュニケーション・コード間の「翻訳」　*175*
6　大学における観光実践活動に関する理論　*179*
7　観光人材育成に関する理論　*181*
8　おわりに　*185*

事項索引　*189*
人名索引　*190*

00 序：人をつなげる観光戦略

橋本和也

1 はじめに

　本書『人をつなげる観光戦略―人づくり・地域づくりの理論と実践』は，「観光で人を育て，地域を育て」「地域のための，地域を生かす」観光まちづくりを目指す人々のための理論と実践についての研究である。現在，日本各地で地域が生き延びるための観光や，生存戦略のための観光まちづくりが盛んに議論され，実践されている。その実践では，往々にして地域の生き残りのための経済的成果が強調され，安易としかいいようのない地域振興や地域づくりが叫ばれることが多い。特に外部資本に頼った地域開発は，一時的な経済的な効果がみられることはあっても，その後，その地域が収奪される危険がある。主な利益は外部資本にもち去られ，収益が上がらない場合はすぐに資本が引き上げられ，廃墟だけが残るということになる。そこで議論されるようになったのが，地域の人々が主体となった「地域づくり」「観光まちづくり」である。地域の人々によるプロジェクトでは，収益が上がらない場合でも人がそこから引き上げることはない。さらなる工夫と努力を投入する以外に地域が生き延びる方法はないのである。しかし努力を続けても成功するとは限らない。過疎の村落では，それまで地域活性化のために活動をしていた働き手が仕事を求めて都市へ離れていっているのが現状であるからだ。

　本書の著者たちは，「地域づくり」「観光まちづくり」における「稼ぐ力をこえる，つなぐ力」について考えることを提案する。地域には人材が必要であるが，待っていても人材が育つことはない。地域が，地域で育てるほかないのである。それにはそれぞれの地域が試行錯誤を積み重ね，そこで得られた成果をほかの地域と共有し，相互に活かすことが必要である。地域には資本金はないが，近隣の地域とつながる

2

ことが力になり，行政を動かすことも可能になる。さらには同じ志をもつほかの地域とつながることによって，全国的な動きやトレンドを作り出すこともできるだろう。本書では生き延びるための観光，観光による生存戦略を志向するための「観光まちづくり再考」を試みている。そのためには，観光によって地域がつながっていく「つながる観光，つなげる観光」について考えることが必要である。それが，「人をつなげる観光学」への，ひいては「つながる観光まちづくり」への道を拓くことになるのである。

　本書は，科学研究費基盤研究（C）「観光まちづくりと地域振興に寄与する人材育成のための観光学理論の構築」（平成 25 年度〜平成 28 年度）の研究成果に基づいて編纂されている。この間のメンバーたちの研究成果となる論文を，第 I 部「観光の実際」，第 II 部「観光の実践」，そして第 III 部「まとめ─観光人材育成のための理論に向けて」の 3 部に分けて編纂している。

2　本書ができるまで

　2013（平成 25）年から 4 年間の科学研究費助成事業（以下，科研費）として，前述のタイトルで示されたテーマのもと研究を進めてきた。これまでの主な成果としては，2013 年から観光人材育成を進めている先進的な団体や組織の現地調査と，関係者からの数度にわたる聞き取りがある。「九州ツーリズム大学」（2013 年 9 月 24 日），「北の観光まちづくりリーダー養成セミナー」（2014 年 8 月 29 日）の現地調査を研究グループのメンバーとともにおこなった。「北の観光まちづくりリーダー養成セミナー」の修了生たちへの聞き取りと，北海道大学観光学高等研究センターの敷田麻実教授（当時）との「観光人材育成に関する意見交換」（2014 年 8 月 29 日，30 日）の機会をもち，また，京都文教大学サテライトキャンパスにおいて本科研費研究会として，2014 年 2 月 15 日に「松本大学地域づくり考房「ゆめ」の取り組み」や「阪南大学における松村ゼミの活動」について，松本大学地域づくり考房「ゆめ」の福島明美氏と阪南大学の松村嘉久教授のお二人から観光人材育成についてお話をうかがった。

　また，2014 年 7 月 5 日に開催された観光学術学会第 3 回大会（於京都文教大学）のフォーラム「「産官学民の連携に基づく観光人材育成」に関する理論の構築に向けて」を本科研費で主催し，これまで日本の観光教育を主導してきた立教大学観光学部から豊田由貴夫教授による「観光人材育成に関する理論の構築は可能か？─立

教大学観光学部の事例から」，1997 年に国際観光学科を開設した阪南大学国際観光学部から吉兼秀夫教授による「キャリアゼミによる課題解決型人材育成」，2006 年に開設された北海道大学観光学高等研究センター（当時）から敷田麻実教授による「効果的地域人材育成とは？―北海道の北の観光リーダー養成事業の先進的トライアル」，1996 年に開学し 2000 年から地域との連携活動を進めている京都文教大学総合社会学部観光・地域デザインコースから森正美教授による「地域プラットフォーム型人材育成における学際性と専門性をめぐる課題」の発表と，2008 年に国立大学で最初に観光学部を設立した和歌山大学の廣岡裕一教授からのコメントがなされた。

　以上の内容に関しては，本科研費『中間報告書』（平成 27 年 4 月刊）に掲載されている。本書は，それらの調査と研究者との議論を参照し，本研究分担者がそれぞれの課題に関する調査と研究をおこない，2015 年度から 2016 年 9 月末までの間に本科研費研究会において順次発表し，議論を重ね，2017 年 3 月に論文として出版した『最終報告書』をもとに再構成したものである。

3　本書の構成

　以下，全体の構成を示しながら，本書が今日の観光学のなかでどのような位置にあり，なぜ必要とされるのかを述べていく。

● 3-1　第 I 部「観光の実際」

　第 I 部「観光の実際」は三つの章より構成されている。

　第 1 章，遠藤英樹の「大学における「観光学理論」はどこに向かうべきなのか？」は，大学における観光学教育と観光人材育成の時代的背景について考察している。地域における観光人材の育成が新たに課された課題であるとすれば，その人材育成がおこなわれている主な場として考えられるのが大学の教育現場である。しかしながらこれまで大学で育成すべき「観光人材」についてあらためて問われることはなかった。それは，「観光系企業にとって必要な人材」であることが自明とされていたからである。しかし，今日求められているのは，「地域のために働くことができる観光人材」の育成である。今日の大学においては地域への注目が必須となっている。特に地方の国公立大学と地域との連携を先進的に進めてきた私立大学では，文部科学省（以下，文科省）のいう「地（知）の拠点」としての役割を果たすために，これまで少数の教員が個人レベルでおこなってきた「地域との連携」に，大学全体で

取り組むことが求められている。そのなかで学生と教員が「観光まちづくり」のさまざまな局面において地域との連携・協働のプロジェクトに参画することも多くみられるようになった。このような場面においてこそ観光系学部における観光人材の育成が求められるのである。

遠藤論文は，まず第二次世界大戦後の日本の社会変容と大学改革が結びついている経緯を明らかにする。占領期の「理想の時代」，大学紛争期の「夢の時代」から 1970 年代後半の「四六答申」期を経て，大学規制緩和がなされた「虚構の時代」，そしてその後の世界的な「移動の時代」において新自由主義的なグローバル資本主義の競争原理のもとに大学がおかれた変遷をたどる。そしてこの「移動の時代」に多くの観光学部が誕生してきたことを明らかにしている。観光関連学部が成立するコンテクストとして，世界の代表的な大学における「実践的」で「役に立つ」教育，産業界のニーズに対応する「観光人材」育成が求められている点を指摘している。観光学は観光に内在する「異なる民族や文化を持つ他者と出会い，共存を模索する」（大澤ほか 2014）契機を引き出し，それを担える市民を養成するものにもなりうることを指摘する。また一方で観光は，自然や文化を受動的に享受する〈単なる消費者〉を生み出し，自然や文化の変化・衰退をわからなくさせてしまうこともある。遠藤は，こうした観光の「負の力」に対処する人材育成に寄与すべきことも主張している。大学における「観光学理論」には，グローバルとローカル，自己と他者などの対立する要素を「媒介する（つなぐ）市民」を育成するための役割があること，そしてそこで基礎づけられた「媒介の思考」を実現する人材を観光が養成すべきことを指摘している。

第 2 章，堀野正人の「観光まちづくり論の変遷における人材育成の位置づけ―経営・政策志向を相対化する視点の必要性」は，観光を取り巻く動きとしていまや重要な要素となっている「観光まちづくり」についての考察をおこなう。観光の現場では，これまで観光関連業者（輸送，宿泊，観光施設，エージェントなど）が提供してきた「従来型の大衆観光」とは別に，地域の人々が主体となった活動と外部への働きかけを基盤にした「地域観光」を抜きには，これからの展開を考えることはできなくなってきている。地域における人々の活動は地域の課題を解決するための住民による「まちづくり」から始まったものだが，農山村漁村や地方都市が抱える過疎化・高齢化の問題は一つの地域だけで解決することは困難であった。そして，仮に地域の人々が自ら魅力を発信しても，その魅力に引きつけられて訪問・交流する地域外の人々の存在を抜きにしては，地域が生き延びることができない現実に気が

ついたときに,「観光まちづくり」にまなざしが向けられたのである。ここで喫緊の課題となるのが, 人材の育成であり, そのための理論の構築を目指したのが, 本科研費研究会であった。

堀野論文は,「観光まちづくり人材」を学的に位置づけるには, まず「観光まちづくり」が観光研究においてどのように扱われ, 論じられ, 位置づけられてきたかを問わなければならないと指摘する。堀野は 1990 年代以降の研究動向を跡づけ, 人材育成がどのように位置づけられてきたのか, その理論や実践手法が現実の観光や社会の状況に照らして, どのような客観的意味をもちうるかを考察している。観光まちづくりと観光市場との関係性には「自立と依存の両義性」がみられ, 人材育成についてもそのなかで問われるべきであることを指摘している。そのうえで,「観光まちづくりの人材」の内容構成を整理し, 観光まちづくり推進組織(プラットフォーム)の人材がその中心的機能をもつことを明らかにする。そしてそこで求められる人材とは, 堀野によれば, 政府や観光産業と地域間の「相互依存的」な状況のなかでも, 草の根的ともいうべき観光まちづくりの主体性や自律性を保ちながらその方向性を示すことのできる人材, すなわち, 観光まちづくりを取り巻く構造や主体間の力関係を把握しながらも, 地域の個別的事象のなかに生きた知見を見出し, 観光まちづくりや人材育成に関する政策や定式には還元されえない, オルタナティブな判断基準を示すことのできる人材であるという。

第3章, 金武創の「県観光政策の財政問題―観光人材育成の可能性」では, 国の政策と地方行政における観光政策との関係を明らかにする。市町村レベルでの観光人材育成の具体的・個別的な取り組みとしては, 地域の観光協会と連携した観光ボランティアガイドの育成プログラムなどがその代表的な事例となる。市町村では宇治市などのように直接「観光ボランティアガイド研修会」を開催する場合もあるが, 山口県萩市や石川県金沢市などのように行政が開催するさまざまな公開講座を修了した住民のなかから観光ボランティアガイドを募集し, ガイドクラブのなかで研修をつんでもらう場合もある。この観光ボランティアガイド育成は地方自治体(「官」)が市民を観光人材として育成する事例である。しかし地方自治体がそのような取り組みをおこなうかどうかは, これまでそれぞれの地域が旅行者や観光者という「他者」を地元(ホスト)としてどう迎えてきたかという自治体独自の歴史的な経緯が反映されるため, 地域によって対応が積極的か, 消極的か分かれるようである。

金武論文は, 公共部門における観光人材の育成について明らかにする。東日本各県における観光計画の人材育成事業については, 観光事業者(経営者あるいは従業

員）の研修やボランティアガイド交流会を中心に取り組まれていることを明らかにした。そして都道府県全体の半数以上を占める 28 県は条例―計画―予算という三層構造で推進しており，長期的にも短期的にも安定した観光政策を推進できていることがわかるという。しかし観光計画に関連した県の条例がないとその継続性や安定性に問題が残り，また，観光計画のみだと属人的な施策になってしまい，長期的な見通しがたたないことが指摘される。そして，地域から大都市圏への若者の流出対策として，観光に携わる若者がやりがいやプライドをもつための取り組みには都道府県にしかできないものがあると指摘する。また，県外の観光者のみを対象とするのではなく，県民が「地元のよさを理解し消費する最良の顧客」であり，「来訪者のよき同伴者」である点に注目すべきであると述べる。「県民の一部が常連客として日帰り旅行で県内観光地を訪問することを条例や計画でもっと奨励」すべきことを指摘する。さらに「県民が地元産品の愛好家であって，観光消費に寄与する県民の厚みがあるからこそ，その一部が観光客に土産物として人気を得る」こともあり，「地域を担う観光人材はこうした土壌から育っていく」という。また「真の意味での着地型観光を地域社会に根づかせるのは県観光政策の方が適している」という。「着地型観光の時代においては，都道府県が重要な役割を担うべき」であり，「特に観光人材育成については，社会的起業家とまちづくり志向のボランティアが最も足りない」と指摘する。そして「分権的で分散的な県観光政策の推進を基礎にした観光人材の育成こそ，地元観光協会や市町村の自律的な取り組みを支援するための重要なポイント」であると述べる。

● 3-2　第Ⅱ部「観光の実践」

　第Ⅱ部「観光の実践」は四つの章より構成されている。2000 年以降，大学と地域との連携活動がみられるようになり，京都文教大学でも 2002 年から何人かの教員が地元商店街や歴史資料館との協働の活動を始め，2003 年から 2006 年までの基盤研究Ｂ「（人と人を結ぶ）地域まるごとミュージアム構築のための研究」による科研費を受けて，地域における連携活動に関する研究に着手した。第 4 章（森），第 5 章（片山），第 6 章（滋野）で報告される活動は，この 2003 年からの科研費に基づく活動と研究を共に担ってきた京都の宇治や伏見の地域の人々との連携を基盤にし，2014 年度に採択された文科省の「地（知）の拠点」事業において各報告者が独自の視点から実践してきた連携活動の成果を考察したものである。地域と連携しながら進められる「学生プロジェクト」における人材育成の事例と，地域の活性化のため

の「学と民」との連携において大学教員が「ファシリテーター」として関わるなかで，どのような人材育成がなされるべきかについての考察がおこなわれている。

第4章，森正美の「観光まちづくり人材を人類学的手法で育てる」では，観光は単一的な学問的手法によって解明できる現象ではなく，まちづくりも単一の視点や手法によって実現可能な実践ではないことが指摘される。批判的観光学研究においてはポストディスプリナリな方法の必要性が論じられ，世界各地で起きている各種のツーリズム関連事象に対して多様に対応できる「弾力的，共同生産的で，浸透力のある研究方法」が必要であるといわれている。観光人材育成については，今後の研究でどのような「地域まちづくり人材」が求められているのかが明らかにされたとしても，最大の困難はそれに適う人材の育成方法であるという。

それに際して，森論文では，文化人類学的な手法が有効性を発揮すると考え，「「観光」や「まちづくり」という切り口を教育に接続した際にみえてくる可能性」について論じている。観光人材育成に関するポストディスプリナリな10原則を明らかにしたあとで，育成する人物像が各主体（観光庁・経産省・文科省・総務省での違い，地域，大学教育など）においてズレがあることを指摘する。そのズレを確認したうえで，文化人類学的視点・手法による人材の育成の可能性について検証をしている。まとめとして，「観光」を教育現場に接続し，学生・社会人に「観光経験」を組み込んだPBL型学習によって，全体を横断的に捉える視座をもった地域プロデューサー，コーディネーターの役割をはたす調整能力をもつことが必要であると指摘する。そのために個人のアクターに焦点をあて，地域観光事業やワークショップを検証し，「観光マインド」を育成するのに望ましい教育手法を解明することが今後求められると述べる。

第5章，片山明久の「コンテンツツーリズムによる人づくり―創造型観光における観光教育とは」では，今日の観光教育をめぐる議論で地域との関わりを問うものが多くなり，その結論が「地域にとって役に立つ観光人材」「地域資源を活用できる人」「地域の良さを発信できる人」を育てる点に集約される傾向にあることが指摘される。しかしそれでは観光教育が地域の事情や必要性に引っ張られてしまう可能性があると批判し，そのような「地域との関わり」とは異なる視点から今日の観光教育について考える。京都文教大学の地域連携学生プロジェクト「響け！元気に応援プロジェクト」という活動を事例に，その観察と考察を通じて，学生が活動を通して何を学んだかを明らかにし，今日に求められる観光教育について論じている。

その地域連携学生プロジェクトの事例の考察から，①「自己の客体化の必要性」

（もてなし側にたったときに自分が観光者だとしたら何を望むか考える作業）と，②
「自己内省に基づく高い達成意欲の必要性」が，もてなし側としてのクオリティを
向上させるために不可欠であることを指摘する。2000 年代半ば以降の情報社会では，
観光者が観光を主導するアクターに変化した。特にアニメツーリズムやボランティ
アツーリズムなどにおいては，観光者自身が観光の目的や価値を探し，構想し，創
造する「創造型観光」と呼ばれるような観光形態がみられるようになった。今日で
はこの「創造型観光」に対処できる観光教育が求められていることを強調する。そ
のためには，観光者の価値観と地域の文脈を融合・共有でき，「観光が他者との関係
構築において有効に機能する」という期待を実現させる観光教育が求められている
のである。最も今日的な「他者との関係構築」という課題を担う先鋭的なフィール
ドとなる可能性が観光およびその人材育成の場にはあるのではないかと主張する。
　第 6 章，滋野浩毅の「観光まちづくり人材としてのファシリテーターの役割」で
は，近年，「地（知）の拠点」事業が地方の国公立大学や公設大学を中心に，私立
大学も巻き込んで全国的に展開されるようになると，大学の教員がその場に駆り出
され，司会進行役を委託されることも多くなった事例が扱われる。このような場は，
行政が地域に住むさまざまな人を住民の代表と想定して集め，市民の意見を聞いた
というアリバイづくりに利用される場合が多いという。地域の人々が集められて
「市民参加」という形で意見を述べる場が設定されるとき，これまでは主に「官」に
よって住民の意見を聴取する機会であることが多かった。こうした「官」が主導す
る場は，たとえば記録をとるという立場でオブザーバー参加しているコンサルタン
ト会社の社員が，あらかじめつくりあげた筋書きをもとにしながら，会場で出た意
見を参考程度に掲載しただけの報告書を短時間で作成して行政に提出するといった
極めて形式的かつ政策ありきのものである。しかし，地域の現場で求められている
のは，ゆっくりと丁寧に地域の問題を把握して，それに対して参加者全員の合意が
得られるような対策を考え出すことである。全員の合意には時間がかかるが，合意
を得た政策・方針は着実に実現する。その合意を得るために会議で必要とされる人
材が「ファシリテーター」である。『中間報告書』（敷田 2015）で紹介した「北の観
光まちづくりリーダー養成セミナー」を主催する敷田麻実は，さまざまな出自をも
つ人々が集まって議論をする場には，四つの役割（司会，記録，発表，ファシリテ
ート）が必要であるという。特に集まった人々のもつ知識をその場に供出させるよ
うに導き，合意を形成するファシリテーターの役割の重要性を強調している。しか
し，観光振興のために商店街や交通関係の人々が集まり，課題の抽出と解決のため

の議論を積み重ねる場で，自分の関心事とせず，誰かがリーダーシップをとってくれるのを待っているような会議ではファシリテーターは機能しない。

　滋野論文では，もはやカリスマ型の強いリーダーが地域を引っ張っていた時代から，多数のアクターが話し合いで意思決定をし，課題解決のための活動をおこなっていく時代に移った現代では，観光まちづくりに必要とされるのはファシリテーターであることを述べ，その役割を明らかにしていく。滋野がこれまで関わってきた「伏見桃山・中書島ゆらふプロジェクト」「宇治魅力発信プラットフォーム会議」宮津市，「新浜・浜町賑わいづくりオフサイトミーティング」与謝野町，「岩屋わいわいミーティング」「福知山味趣覧会（みしゅらん）」などの五つの活動を分析・評価し，ファシリテーターの役割とファシリテーションの技術について考察する。取り組みが成功するためには，①集まりの特性，考え，ニーズをつかむために事前のリサーチと綿密な打ち合わせ，②主催者やメンバーの協力と能動的な参加，③（メンバーが苦手で，したがらない議事録づくり，板書などの作業をファシリテーターがすることで）主催者・参加者・ファシリテーター間の信頼関係の構築，などの三つの要素が満たされることが必要であるという。そして，こうした「観光まちづくり」の取り組みにおいて，ファシリテーターに求められる能力が「コミュニケーションをデザインする能力，とりわけ当事者に気づきを与えるような意見を投げかけたり，合意形成の手助けをしたりするような能力」であるとしたうえで，観光まちづくりの人材育成の観点からは，このファシリテーターの育成によって得られる成果が大きいであろうことを主張している。

　第7章，山田香織の「アートプロジェクトにおける観光文化の創造─地方開催の国際芸術祭運営に関わる人々の協働と住民のアート実践」では，「瀬戸内国際芸術祭」を取り上げて論じている。2000年以降，過疎地域の活性化を目的に地方自治体と地域，そして現代アートのディレクターとプロデューサー（企業）による「地域芸術祭（アートプロジェクト）」が日本各地で開催されるようになった。そこではさまざまな「他者」と連携することが求められる。アーティストだけではなく外からのボランティアも，そしてそれを受け入れる地域の人々も，地域芸術祭を通して，地域で「変わり」，地域の事情を学び，地域の活性化のために貢献する「人材」となることが求められているのである。たとえば，利用されなくなった空き家を提供する地元住民は現代アートがいかなるものかを理解できぬまま，仲介者となるアートディレクターやボランティアから芸術祭の意図や作品の意義を説明（「翻訳」）されるのだが，受け入れを承諾するのは内容を理解したからというよりも仲介者とな

る人々との信頼関係が成立したことによる。ここでは地域住民と地域に住み込んで作品を制作するアーティストとの間にどのような信頼関係が築かれ，それを基盤として地域においてどのような実践が展開されているのかを明らかにする。

そして山田論文で紹介されるのは，2013年の第2回「瀬戸内国際芸術祭」から参加した瀬戸内海の人口300人足らずの島を舞台にしたアートプロジェクトの事例である。そこに参加した布作家が島民との交流を通して信頼関係を築き上げ，作家が島を留守にしているときも島民ができる作業を続けていたという。その作家は翌年も招かれ，新たにきた次の作家に島でのやり方を伝授したという。また，廃止された郵便局で「届け先のわからないはがき」を受け付けて展示した作品には，期間終了後もはがきが届くので，その元郵便局の所有者が自主的に月2回局長となって郵便局を開局し，はがきを維持・管理しているという。この局長は，アーティストが制作した作品を，作品鑑賞者（ツーリスト）のためにキュレーターとして維持・管理しているのである。また，島ではこれまで住み込んで作品を制作し信頼関係を築いた作家たちに芸術祭で再び来島してくれることを望んだ。しかし作品の質を維持しようとする総合ディレクターは地域からの要望に応じることに躊躇した。そこで島民がとった戦術は，島で作品制作をした芸術大学の教授に審査員になってもらい質の保証を確保し，財政的には，県ではなく島が所属する市の予算を充てたという。この事例について山田は，外部からの「やり方」やコンセプトを，地域のやり方と融合させ，「芸術祭のローカル化」を実現させたケースとして分析している。

● 3-3　第Ⅲ部「まとめ─観光人材育成のための理論に向けて」

第Ⅲ部「まとめ─観光人材育成のための理論に向けて」では，これまでの議論を踏まえて，「観光まちづくり人材育成」のための「観光学理論」の構築を目指している。本書の執筆者たちの学問的な出自は，社会学，文化政策学，文化人類学，そして観光学とさまざまであるが，この学際性は観光研究者の現状そのものでもある。これまでの地域連携活動を理論的に分析・研究するにあたり，どのような理論を参照するかをいろいろな方面で模索したが，最終的には第8章の執筆者にとって使い慣れた文化人類学の理論を中心に本研究の目的である「観光人材育成のための理論構築」の可能性について考察することになった。

第8章，橋本和也の「人づくり・地域づくりのための理論の構築に向けて」では，「観光人材育成」に必要とされる観光学理論について，主に文化人類学の理論を参照して考察をおこなっている。このような試みが観光人材育成の各現場，各段階，そ

して各分野で蓄積されると，理論的な厚みのある分析が可能になる。「産官学民の連携」では，一つの領域における人材育成ではなく，性質の異なる領域間の連携がおこなわれる場面で活躍できる人材育成が求められており，そのための理論構築が必要とされている。

橋本論文では，まず地域連携活動を 3 段階に分け，それぞれの段階の分析に関係する理論についての考察をおこなう。地域の問題が問題として醸成される ①「萌芽段階」，ほかの人々と問題が共有され新たに賛同者が加わる ②「新規加入段階」，産業界，行政，大学，地域などの ③ほかのコミュニケーション・コードをもつ集団との「連携段階」という 3 段階である。①の「萌芽段階」ではさまざまなアクターとなる「モノや人」が，不確かな性格・役割のまま関与する生成段階にある。ここで重要なことは，関与するあらゆるモノと人を広くかつ「対称的」に視野に入れることのできる人材の育成，すなわち「アクター・ネットワーク理論的視点をもつ人材」が求められている点を理解することであるという。これは「問題が問題になる過程」を「問題が問題となる以前」にも視野を広げて明らかにするという，既存の論点にはない，本研究独自の視点となる。この「萌芽段階」が生成される過程を明らかにすることが「観光人材育成のための理論構築」では重要であるとの主張である。②の「新規加入段階」では文化人類学の「イニシエーション（加入）儀礼」による分析を参照しながら，①の段階を知らない新参のメンバーが，地域で共有されている価値観や，問題に対する基本的スタンスを共有するという重要な問題が出てくる。そのとき，活動の目的や進め方について同意を得られない場合には，①の段階に戻り，そもそもの問題意識や価値観を再確認する必要があるという。そして ③「連携段階」では，2 種類の異なるコミュニケーション・コード間の「翻訳」の必要性が求められる。とりわけ観光まちづくりでは，ホストとゲスト間の「翻訳」，産業界と大学間の「翻訳」，地域の人々とよそ者間の「翻訳」が必要不可欠である。地域の商品となりうる可能性を秘めたモノは，モノとモノ，モノと人，人と人のネットワークのなかに位置づけられてエージェンシーを発揮し，そのネットワークに参与する人やモノとの相互関係のなかで意味を獲得する。先に述べたようなアクター・ネットワーク理論と，異なるコミュニケーション間の「翻訳」に関する理論が必要とされる理由が述べられている。

「大学における観光実践活動に関する理論」としては，「観光実践教育」の理論化，基本用語の観光学的再定義が必要だと橋本は述べる。「観光人材育成」においては参加型の「アクティブラーニング」が主流になり，そのとき「北の観光まちづくり

リーダー養成セミナー」での実践が参考になる。「アクターネットワーク理論」は，観光の「全体」を明らかにすることを目指す研究にとっては，決定的な転回を示唆する。マネジメントを主流とする観光研究に対して，アクターネットワーク理論による研究はそれとは逆の方向の研究の必要性を主張し，観光研究と観光教育に重要な転回をもたらすことになるものであることを確認している。マネジメント系の科目の学習もしたうえで，地域において地域の人やさまざまなモノ，立場の異なる人と人とのネットワークのあり方について分析できる「基礎的・教養的な力」を涵養することが求められているのである。

　以上を踏まえたうえで，橋本は「観光人材育成の理論構築」には，地域目線での観光を「制作」することによって新たな価値観が「制作」される過程を観察し，世界が新たな仕方で意味づけられ，一過性のマスツーリズムではなく，地域の「人・モノ・コト」との「交流」を通していかに新たなネットワークが構築されるかを考察することが求められており，そして自らをその実践のなかに位置づけることが観光人材育成には求められているという。

【引用・参考文献】

大澤真幸・塩原良和・橋本　努・和田伸一郎（2014）.『ナショナリズムとグローバリズム─越境と愛国のパラドックス』新曜社

敷田麻美（2015）.「効果的人材育成とは？─北海道の北の観光リーダー養成事業の先進的トライアル」橋本和也・堀野正人・遠藤英樹・金武　創・岡本　健・森　正美・片山明久［編著］『観光まちづくりと地域振興に寄与する人材育成のための観光学理論の構築 中間報告書』（科学研究費基盤研究（C）（課題番号：25501025）), 19–26.

橋本和也・堀野正人・遠藤英樹・金武　創・岡本　健・森　正美・片山明久［編著］（2017）.『観光まちづくりと地域振興に寄与する人材育成のための観光学理論の構築 研究成果最終報告書』（科学研究費基盤研究（C）（課題番号：25501025））

第 I 部

観光の実際

01 大学における「観光学理論」は どこに向かうべきなのか？

遠藤英樹

1 はじめに

　日本の大学における「観光学理論」はどこに向かうべきなのか？——本章ではこのことについて考察していく。もちろん大学は，ほかの組織・団体と同様，社会のなかで生まれ，変容していくものである。それゆえ大学教育の方向性について論じようとするならば，社会のあり方と絡めながら考察することが必要となるだろう。

　そこで以下ではまず，日本社会が戦後，どのような変遷をとげてきたのかについて，社会学者・見田宗介の議論を軸にしながら記述し，日本における大学改革の歴史をたどる。次に，私たちが生きる現在が「移動の時代」とも呼ぶべきものであることを，A. エリオットと J. アーリが著した『モバイル・ライブズ』の考察を踏まえながら論じ，そのうえで現在の大学が新自由主義的なグローバル資本主義のもとで改革を強いられ，その文脈のもとで多くの観光関連の学部・学科が創設されてきたことを確認する。

　だが大学における観光学教育は，新自由主義的なグローバル資本主義に従事する人材を育成するだけではなく，異文化や異民族を含めた他者との出会いのなかで，ねばり強く交渉し共存を模索することで自らの幸せを追求する，「媒介する（つなぐ）市民」を養成することもできることを確認する。結論を先取りすれば，そこにこそ，大学における「観光学理論」が進むべき方向性を見出すことができると考えられるのである。

2 「理想の時代」「夢の時代」から「虚構の時代」へ

では，まず日本社会が戦後，どのような変遷をとげてきたのかについて，見田の議論を軸に記述していこう。彼はその著『社会学入門』において，日本が戦後からたどってきた時代を三つに区分し，次のようにいう（見田 2006：70-71）。

> 「現実」という言葉は，三つの反対語をもっています。「理想と現実」，「夢と現実」，「虚構と現実」というふうに。日本の現代社会史の三つの時期の，時代の心性の基調色を大づかみに特徴づけてみると，ちょうどこの「現実」の三つの反対語によって，それぞれの時代の特質を定着することができると思います。第一に，一九四五年から六〇年頃までの，「理想」の時代。人びとが〈理想〉に生きようとした時代。第二に，一九六〇年から七〇年前半までの，夢の時代。人びとが〈夢〉に生きようとした時代。そして第三に，一九七〇年代の後半からの，虚構の時代。人びとが〈虚構〉に生きようとした時代。

戦後，日本は朝鮮戦争の軍需景気をきっかけに，焼け跡からの復興を果たしていく。政治的にはアメリカン・デモクラシーやソビエト・コミュニズムの「理想」に導かれ，新しい日本の建設を目指そうとした時代である。それはまさに，「理想の時代」といえるものであった。

そして日本の経済成長は持続し，「高度経済成長」の時代が始まる。特に東京タワーの建設（1958 年），東京オリンピックの開催（1964 年），大阪万博の開催（1970 年）は日本に特需をもたらしたばかりではなく，時代の特質を明確にするシンボリックな意味を与えるものでもあった。映画『ALWAYS 三丁目の夕日』（2005 年公開）でも，そのことがノスタルジックに描写されている。この映画では，次第に完成していく東京タワーに投影するかのように，これから豊かになっていくことに対する「夢」を主人公たちは繰り返し語っていた。こうした時代にあって日本の産業構造は，農林水産業などの第一次産業を中心とするものから，鉱工業などの第二次産業を中心

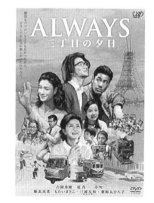

図 1-1　『ALWAYS 三丁目の夕日』
（2006 年，バップ）

とするものへと大きく変化していく。

　だが日本を「豊かな社会」にした高度経済成長も，1970年代半ばには終わりを迎える。同時に，日本の社会・経済状況にも，新たな変化が訪れる。たとえば産業構造は，その比重を，鉱工業を中心とする第二次産業から，サービス業を中心とする第三次産業に移していった。ダニエル・ベル（1975）は，このことを「脱工業社会（ポストインダストリアル・ソサイエティ）の到来」という。

　それにともない人々の価値観も，1980年代には，「物質主義」的なものから「脱物質主義」的なものへと変化し始めた（Inglehart 1997）。人々の価値観は，経済的な繁栄や物質的な享受を重視する価値観から，自己実現や自己表現を重視する価値観へ，「物の豊かさ」を重視する価値観から「こころの豊かさ」を重視する価値観へと変わってきたのである。

　この時代，手にふれることのできる，実体のあるリアルな「モノ」ではなく，キレイで記号的演出がほどこされた「広告」や「情報」を軸に，社会が再編成されていく。こうした「虚構の時代」だからこそ，経済においても，根拠をもった実体経済ではなく，実体のない投機に支えられた，フィクショナル（虚構的）な好況感の浮遊するバブル経済が幕をあけたのである。

3　社会的変容と結びつく大学改革

　以上にみてきたような社会的な変容プロセスに対応するかのように，高等教育も変遷をとげてきた。大学をはじめとする高等教育は，それだけで単独に存在しているわけではなく，社会のなかで，その変容プロセスと密接に結びつきながら存在しているのである。以下では，吉見俊哉『大学とは何か』（2011）における記述を中心に，戦後日本において大学改革がどのようにおこなわれてきたのかを概観していくことにしよう。

● 3-1　「理想の時代」の大学改革：新制大学の発足

　戦前，日本の高等教育においては，「帝国大学」「大学」「専門学校」「師範学校」「旧制高校」など異なる形態がひしめき合っていたが，1945（昭和20）年から1952（昭和27）年まで続くアメリカ占領期を通じて日本の高等教育は大きく変貌を遂げていく。

　まず1947（昭和22）年に教育基本法や学校教育法が制定され，六・三制の小・中

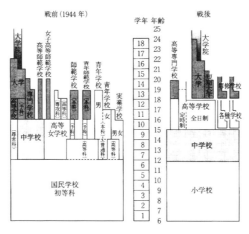

図 1-2 戦前と戦後の教育制度（吉見 2011：175）

学校が発足し義務教育が9年間とされ，その翌年には三年制の高等学校が発足する。これを踏まえて，1949（昭和24）年に四年制の大学制度が発足し，「帝国大学」「大学」「専門学校」「師範学校」「旧制高校」などが新制大学のなかへ組み込まれていくことになる。それは，アメリカン・デモクラシーのもと，「理想の時代」の新たな教育のあり方を模索しようとした結果生じた変化であったといえる。

● 3-2 「夢の時代」の大学改革：大学紛争と「四六答申」

その後，日本社会は「高度経済成長」の時代を迎え，人々は，「これから豊かになっていけるかもしれない」という希望を「夢」として信じることができるようになる。しかしながら，こうした「夢の時代」の裏側では，夢見ることからさえもはじかれていく人々が多く輩出されていく。

1968（昭和43）年に発生した永山則夫の事件も，そのことと深く関係しているものである。1965（昭和40）年に東京に集団就職した永山則夫は，周囲の無理解のもと夢を閉ざされていき，横須賀市の米軍宿舎から盗んだ22口径の回転式6連発拳銃で，警備員やタクシードライバー4人を射殺し「連続ピストル射殺事件」を引き起こしたのである。

このように，「夢の時代」とは，「夢」という美辞麗句の背後にひそむ数々の不平等，不正，欺瞞などが同時に存在していた時代であり，こうしたものに対する異議

図 1-3　東大闘争の様子[1]　　　　図 1-4　日大闘争の様子[2]

申し立てがおこなわれた時代でもあるのだ。1959（昭和 34）年から 1960（昭和 35）年，そして 1970（昭和 45）年の二度にわたる安保闘争も，そうした文脈のもとで展開された。

　この時代，学生側から大学当局に対して，戦後日本の高等教育のあり方について異議申し立てがおこなわれ，大学紛争の嵐がまきおこった。これら大学紛争のタイプには，二種類のものがある。一つは「東大闘争タイプ」である。これは，1968（昭和 43）年から 1969（昭和 44）年にかけてなされた東京大学における大学紛争である。ここでは，戦後日本が新制大学に変貌を遂げたといいながら，その内実の研究教育体制は戦前の徒弟制度から一歩も脱していないことについて，その欺瞞が告発され，大学運営の民主化が要求された。

　もう一つは「日大闘争タイプ」である。これは 1968（昭和 43）年から 1969（昭和 44）年にかけてなされた日本大学における大学紛争で，主に大学を経営事業とみなし，限度を超えて学生を入学させる膨張路線をとる経営陣の金儲け主義に対する反発から生じた闘争であった。ここでは，毎年のように値上げされる授業料，1,000 名を超える学生に向けて大教室で教員がマイクで一方的に話す講義形式などについて，学生たちが大学当局に対して異議をつきつけたのである。

　このように二つのタイプの闘争はまったく異なるベクトルをもつものでありながら，相互に絡まり合い，既存の高等教育のあり方に大きな反省をうながし，いわゆ

---

1) https://sumally.com/p/513278（最終閲覧日：2016 年 11 月 15 日）
2) http://www.z930.com/shasinnshuu_gei_n.htm（最終閲覧日：2016 年 11 月 15 日）

る「四六答申」（文部省 1971）へと結実していくことになる。「四六答申」とは中央教育審議会により 1971（昭和 46）年 6 月に出されたもので，そこでは就学前教育から，高等教育までの学校教育全般のあり方について，「今後における学校教育の総合的な拡充整備のための基本的施策について」が答申されている。

そこでは，高等教育が抱えている以下に挙げる五つの矛盾が述べられ，これらに対して適切に対処していくことが謳われている[3]。

① 「高等教育の大衆化」と「学術研究の高度化」の矛盾
② 高等教育の内容における「専門化」と「総合化」の矛盾
③ 「教育研究」と「効率的管理」の矛盾
④ 「大学の自主性」と「大学の閉鎖性」の矛盾
⑤ 「大学の自発性尊重」と「国全体としての計画的援助・調整」の矛盾

こうした「四六答申」は，大学紛争における学生叛乱に対する文部省側からの応答として，その後の大学改革の方向性に影を落としていった。

● 3-3 「虚構の時代」の大学改革：大学の規制緩和とサービス産業化

「四六答申」において私立大学を含めた大学の財政的基盤の強化が明記され，私学関係者や政治家たちの動きと相まって，1975（昭和 50）年に私立学校振興助成法が成立し，巨額の助成金が私学に流れていくようになる。文部省はこの私学助成金を，私立大学に対して定員管理や教育内容の管理をおこなう手段として利用していった。

同時に，この時期，日本では実体のない投機に支えられた，フィクショナル（虚構的）な好況感の浮遊するバブル経済が幕をあけた時代でもある。こうした時代を背景にしつつ，1984（昭和 59）年，当時の中曽根首相が中心となって内閣に直属する臨時教育審議会が設置され[4]，定員面でも教育内容面でも大学の規制緩和に乗り出すようになる。この時期において，大学のサービス産業化が進展し，学生は「カスタマー（顧客）」としてみなされるようになり，大学教員は教育サービスを提供する労働者として位置づけられていくことになる。

---

3) 「四六答申」の目次は以下の URL において確認できる〈http://www.mext.go.jp/
   b_menu/shingi/old_chukyo/old_chukyo_index/toushin/1309492.htm（最終閲覧日：
   2019 年 4 月 7 日）〉。
4) 2001（平成 13）年の省庁再編に伴って，中央教育審議会大学分科会に再編された。

4 移動の時代[モビリティーズ]

　「理想の時代」「夢の時代」「虚構の時代」を経て，現代は，どのような特徴を有する時代となっているのだろうか。A. エリオットと J. アーリによると，現代社会は「モバイル」な特徴を有するに至っており，私たちはそれに伴って「モバイルな生」を生きつつあるとされる。彼らは次のように述べている。

> 人びとは，今日かつてないほどに「移動の途上」にある。大規模な社会変動——グローバリゼーション，モバイル・テクノロジー，絶え間なき消費主義，さらに気候変動——が，地球規模で人，モノ，資本，情報，観念の移動がますます拡大し続けることに内在している。今や人びとは，毎年延べ230億キロメートル旅していると推定されている。2050年までには，資源の制約さえなければ，約4倍の毎年1,060億キロメートルに達すると予想されている。旅や観光は世界で最も大きな産業を形成するようになり，毎年7兆ドル以上の価値を生みだしている。国際航空便の数は，10億便近くとなっている。今日，人びとはより遠く，より速く，そして（少なくとも）より頻繁に旅している。多くの人びとが旅を選択しているのに対して，「移動の途上」にあることを強いられている人もいる。亡命希望者，難民，強制移民もまた急増しているのだ。これに加えて，コミュニケーションを拡げるバーチャルなモビリティも急速に増大し，固定電話よりも携帯電話が増え，10億人以上のインターネットユーザーが存在するようになり，目も眩むような可能性と恐ろしいほどのリスクをもって，モビリティの黄金時代がまさに訪れている。（エリオット & アーリ 2016：i）

　人，モノ，資本，観念，情報などが移動する状況においてこそ，現実＝リアルなものは再編され実現されるようになっている。いま現実＝リアルなものを固定的なものとして実定化して捉えると，現実（リアルなもの）を大きく捉え損なうことになるだろう。というのも現実（リアルなもの）は常にモビリティーズの渦に投げ込まれ，グローバリゼーションとローカライゼーションが重層的にせめぎあうなかで変化にさらされ続けているからである。こうした点を強調しながら現実のあり方を考察する視点を，エリオットとアーリは「モビリティーズ・パラダイム」と呼んでいる。

　彼らが整理する「モビリティーズ・パラダイム」のポイントは，以下のようなも

のである（エリオット＆アーリ 2016：20-29）。

①あらゆる社会関係は，多かれ少なかれ「離れて」いて，スピードが速く，緊密で，多かれ少なかれ身体的な移動に結びついた多様な「つながり」を有している。歴史的に，社会科学は地理的に近接したコミュニティにあまりに焦点を当てすぎてきた。それは，同じ場所に存在している多少なりともフェイス・トゥ・フェイスな社会的相互作用に基礎づけられたものである。しかし今や，人々や社会集団の多くの結びつきは，地理的に近接していることに基礎づけられているばかりではない。

②こうしたプロセスは，人，モノ，資本，イメージ，情報などの相互に関連するモビリティーズから成り立っている。たとえば，それは以下のようなものである。

- 観光，仕事，移民，避難のための人びとの身体的な旅。
- プレゼントや土産を贈ったり受け取ったりするだけではなく，生産者，消費者，小売業者への「モノ」の物理的な移動。
- さまざまな活字メディアや映像メディアのもとで現れ移動する，場所や人間のイメージを通じて生じる「想像的な」旅。
- 伝言，書物，手紙，電報，ファックス，携帯電話などによって交わされるメッセージを通じた，コミュニケーションの旅。

③モビリティーズは誰にとっても同じで均一的なのでなく，年齢・ジェンダー・人種・階層などと結びついており，不均一なものである。

④あらゆる社会関係は地理的に「離れて」存在するようになったからといって，フェイス・トゥ・フェイスな関係がなくなるのではない。ときに，特定の期間だけ，フェイス・トゥ・フェイスのつながりがなされることがある。

⑤現代のモビリティーズには，人，モノ，資本，イメージ，情報などの複雑な組み合わせ（アサンブラージュ）がみられる。

⑥現在の統治のあり方は，一カ所の領域にのみ関係しているのではなく，「領域」を越えて横断するモバイルな人々に関係するものである。

⑦社会科学は，「自然」や「モノ」の世界から切り離され独立した社会領域として社会生活を扱ってきたが，こうした視点がここでは挑戦にさらされること

になる。

⑧こうした関係を分析する際に決定的なのは,「アフォーダンス」という概念である。たとえば自動車というテクノロジーと飛行機というテクノロジーは,異なるモビリティーズの経験を人々に提供(アフォード)するが,そうした環境と人間の関わり合いが重要となる。

⑨モビリティーズは二酸化炭素を排出するエネルギーを用いるため,炭素基盤社会を問題とせざるをえなくなる。

⑩モビリティーズのシステムは,多様な空間の範囲やスピードで人,モノ,情報を流通させるプロセスをめぐって組織されている。

⑪これら多様なモビリティーズのシステムやルートは時間をかけて残っていくものである。

⑫モビリティーズのシステムは,コンピュータ制御された自動車も含めて,次第に専門的な知識がなければ手が出せないものになっている。

⑬「非モバイル」な物質的世界の相互依存的なシステムや,特にすぐれて非モバイルなプラットフォーム(道路,ガレージ,駅,空港,港)は,モビリティーズの経験を形成するうえで不可欠である。

A. アパデュライも人,モノ,資本,イメージ,情報などが移動する状況に目を向ける研究者の一人である。アパデュライは,その著『さまよえる近代』(2004)で,ローカル/ナショナル/グローバルが人・モノ・資本・情報などの移動のなかで重層的に形成されていくプロセスを捉えようとしている。エスノスケープ,メディアスケープ,テクノスケープ,ファイナンススケープ,イデオスケープといった,彼の著名な「文化フローの5つの次元」の議論も,現代社会の現実のあり方を考察するうえで移動がますます重要となりつつあるとする議論の文脈で考えられるべきものである。

5 新自由主義的なグローバル資本主義のもとでの大学

こうした「移動の時代」においては,新自由主義的なグローバル資本主義が世界中を席巻していったのだが,大学もその流れにのみこまれていった。そうした動向の一つに,「大学設置基準の大綱化」(「大学設置基準の一部を改正する省令の施行等について」(文部省 1991a))を挙げることができる。これは,1984(昭和59)年

01　大学における「観光学理論」はどこに向かうべきなのか？　*23*

表 1-1　「大学設置基準の大綱化」の主な内容（文部省 1991b）

① 各大学・短期大学に開設を義務づけていた授業科目の科目区分（一般教育科目，専門教育科目，外国語科目及び保健体育科目）を廃止する。

② 学生の卒業要件として定められていた各科目区分ごとの最低修得単位数（大学の場合，一般教育科目 36 単位以上，専門教育科目 76 単位以上，外国語科目 8 単位以上，保健体育科目 4 単位以上）を廃止し，総単位数（大学の場合，124 単位以上）のみ規定するにとどめる。

③ 必要専任教員数について，科目区分ごとに算定する方式を廃止し，収容定員の規模に応じた総数のみを算定する方式とする。また，大学の兼任の教員の合計数は，全教員数の 2 分の 1 を超えないとする制限規定を廃止する。

④ 授業の方法別（講義，演習，実験・実技・実習等）に一律に定められていた単位の計算方法を，各大学・短期大学の判断により弾力的に定めることができるよう，また，高い教育効果が期待できる演習などの授業が開設しやすくなるよう改める。

⑤ 学部内の組織として，学部の種類によって学科を設けることが適当でない場合に限って例外的に設置を認めていた課程を，学部の教育目的を達成する上で有益かつ適切である場合は，学部の種類を問わず設けることができることとする。

⑥ 医学部，歯学部の進学課程・専門課程を法令上の制度としては廃止する。

に臨時教育審議会が設置されたことを受け，1991（平成 3）年に施行されたもので，大学設置基準を簡略化したものであった。

　「大学設置基準の大綱化」の主な内容を，表 1-1 に整理した。表 1-1 にみるように「大学設置基準の大綱化」は，「学術の進展や社会の要請に適切に対応できる，弾力ある大学運営」という建前のもと，大学を競争原理のもとにおくことで選別していくことを企図したものであった（そのため，大学設置基準の緩和に伴って予測できる教育研究の質を担保するために，自己点検・評価が個々の大学に求められるようになり，後の大学認証評価制度の創設へとつながっていったのである）。

　大学も，ほかの企業・組織と同じく新自由主義的なグローバル資本主義における競争原理に身をおき切磋琢磨し合うべきだとする考え方は，2001（平成 13）年，「遠山プラン」として知られる「大学（国立大学）の構造改革の方針」（文部科学省 2001）にも引き継がれることになる。これは，経済学者・竹中平蔵をブレーンとして新自由主義を徹底的に推進しようとした小泉政権のもと，国際競争力のある大学づくりの一環として大学の活性化を目指し，当時の文部科学大臣・遠山敦子の名をとって示された国立大学の構造改革案である。

　その内容は主に以下の三つの柱からなっている。

①国立大学の再編・統合を大胆に進める

②国立大学に民間的発想の経営手法を導入する

③大学に第三者評価による競争原理を導入する

　この流れに沿って国立大学は再編・統合され独立法人化され，民間的手法を取り入れつつ経営陣の強力なリーダーシップによるガバナンスを発揮できることが求められた。その後，18歳人口の減少，教育研究水準の確保，国立大学の役割の変化を踏まえ，社会に役に立つ人材を育成するべく，各国立大学に対して「ミッションの再定義」（各大学の強み・特色・社会的役割などの明確化）が要求されることになったのである。それは，2015（平成27）年における「第3期中期目標期間における国立大学法人運営費交付金の在り方について（審議まとめ）」に結実していくことになる。そこでは，「各国立大学の個性を際立たせ，持続的に地域や我が国社会を支える人材を生み出し，グローバルな競争のなかで未来を切り開くイノベーションを生み出す基盤を整備すること」が謳われ，三つの枠組みに合致した大学に予算を重点的に配分するとされている（表1-2）。

表1-2　予算を重点的に配分する基準となる三つの枠組み（文部科学省 2015）

重点支援①

主として，人材育成や地域課題を解決する取組などを通じて地域に貢献する取組とともに，専門分野の特性に配慮しつつ，強み・特色のある分野で世界ないし全国的な教育研究を推進する取組等を ［…］ 機能強化の中核とする国立大学を重点的に支援する。ここでいう「地域」の捉え方は，各国立大学の事情に応じて柔軟に設定することができるものとする。この枠組みについては，運営費交付金の重点支援の仕組みを通じて，人材育成や研究力の強化の取組を推進できるような支援を行う。

重点支援②

主として，専門分野の特性に配慮しつつ，強み・特色のある分野で地域というより世界ないし全国的な教育研究を推進する取組等を ［…］ 機能強化の中核とする国立大学を重点的に支援する。この枠組みについては，当該分野に重点を置いた人材育成や研究力の強化の取組を推進できるような支援を行う。

重点支援③

主として，卓越した成果を創出している海外大学と伍して，全学的に世界で卓越した教育研究，社会実装を推進する取組を ［…］ 機能強化の中核とする国立大学を重点的に支援する。この支援の枠組みについては，国際レベルの競争的な環境下で，人材育成や研究力の強化の取組を推進できるような支援を行う。

01　大学における「観光学理論」はどこに向かうべきなのか？　*25*

　国立大学の以上のような改革は，公立大学や私立大学にも波及していくことになる。2014（平成26）年10月7日，文部科学省の有識者会議において多くの賛否を呼んだ株式会社経営共創基盤代表取締役CEO・冨山和彦の議論も，その文脈のもとにある。彼は現在の日本の大学をグローバル企業で活躍できるリーダーを担う人材を育成する少数の「G型大学」と，そうしたリーダーのもとでローカルな企業で働く人材を育成する多数の「L型大学」に分ける。

　そのうえで「L型大学」における「文学部はシェイクスピア，文学概論ではなく，観光業で必要になる英語，地元の歴史，文化の名所説明力を身につけ」「経済・経営学部は，マイケルポーター，戦略論ではなく，簿記・会計，弥生会計ソフトの使い方を教え」「法学部は憲法，刑法ではなく，道路交通法，大型第二種免許を取得させ」「工学部は機械力学，流体力学ではなく，TOYOTAで使われている最新鋭の工作機械の使い方を学ぶ」ことで十分であると主張したのである。彼の議論は分厚い大学史をまったく踏まえず粗雑にすぎるが，多くの大学に要求された改革の方向性について，基本的なラインを示しているものであることは間違いないといえよう。

6　観光関連学部・学科の創設

　立教大学が1967（昭和42）年に社会学部のもとに観光学科を設置し，横浜商科大学が1974（昭和49）年に商学部のもとに貿易・観光学科を設置したことを例外として，多くの大学で，観光関連学部が創設されていったのは，まさに新自由主義的なグローバル資本主義に大学が投げ込まれていった時期のことである。

　まず1993（平成5）年に流通経済大学社会学部に国際観光学科が，翌1994（平成6）年に北海学園北見大学商学部に観光産業学科が設置されている。その後，観光関連学部・学科の設置が相次ぎ，1997（平成9）年に阪南大学国際コミュニケーション学部に国際観光学科，1999（平成11）年に九州産業大学商学部に観光産業学科，2000（平成12）年に川村学園女子大学人間文化学部に観光文化学科が設置されている。そして，2001（平成13）年には全国の公立大学で初めて，奈良県立大学地域創造学部に観光経営学科が，国立大学では2005（平成17）年に山口大学経済学部において観光政策学科が，2008（平成20）年には和歌山大学観光学部と琉球大学観光産業科学部が誕生している。

　観光学部は，まさに表1-2の「重点支援①」にあたる大学，すなわち「主として，人材育成や地域課題を解決する取組などを通じて地域に貢献する取組とともに，専

門分野の特性に配慮しつつ，強み・特色のある分野で世界ないし全国的な教育研究を推進する取組等を［…］機能強化の中核とする」大学として誕生したものであったといえよう。それは，以下に挙げる六つの目標を目指しつつ新自由主義的なグローバル資本主義における競争的市場原理に基づいた大学改革の文脈のもとで進められていったのである。

① 市場原理を導入した大学経営
② 国公立大学の法人化
③ 外部資金獲得競争による競争主義的な原理のもとでの研究推進
④ 企業に役立つ大学像の模索
⑤ 教育カリキュラム・教育手法の徹底的な見直し
⑥ 教授会の役割の縮小化を含めた効率的なガバナンスの確立

　ではなぜ観光学部が，新自由主義的なグローバル資本主義のもとでの大学改革の文脈において浮上するものであったのだろうか。それは，現代が「移動の時代」であることと大きな関係がある。移動は，現在，観光や旅を抜きに考えることができなくなっている。国土交通省観光庁が編集する『平成30年版・観光白書』（2018年）によると，世界各国が受け入れた外国人旅行者の総数は，2010（平成22）年の9億5000万人から，2012（平成24）年には10億3500万人と初めて10億人を突破し，2013（平成25）年も続いて10億を超えた。日本人の海外旅行者数に限ってみても，2010年で1664万人，その後も2015年で1621万人，2016年で1712万人，2017年で1789万人と毎年1500万人以上が海外に渡航している。現代社会は，J. ボロックが「余暇移民（レジャー・マイグレーション：leisure migration）」と名づけた観光客の存在を大量に生み出し続けているのである。このように考えるのなら，観光は，現代においてモビリティーズを中心としたグローバル社会を駆動させているのである。
　これについて，M. シェラーと J. アーリは「ツーリズム・モビリティ」という概念を提示している。彼らは次のようにいう。

　　われわれが「ツーリズム・モビリティ」について言及するのは，明白なこと（観光がモビリティの一形態であること）を単に述べるためだけではない。そうではなく，様々なモビリティが観光を形づくり，観光がパフォームされる場所を形成し，観光地をつくったり破壊したりするといったことに焦点を当て

るためなのである。人やモノ，飛行機やスーツケース，植物や動物，イメージやブランド，データシステムやサテライト，これらの移動すべてが観光という行為へと結びつく。(Sheller & Urry 2004：1)

　観光は，人の移動ばかりではなく，土産物やスーツケースをはじめとするモノの移動も含んでいる。そればかりではない。人々は観光情報誌やウェブ，スマートフォンなどといったメディアを用いて，情報やデータを検索し，観光地に関する多くのイメージをもって観光へ出かける。それゆえ，情報，データ，イメージの移動も生じている。また観光地においてさまざまなモノや事柄を見聞きし経験することによって，記憶を形成し，思い出へと変えていく（記憶，あるいは思い出の移動）。さらに観光は，旅行代理店，航空産業などの交通業者，ホテルなどの宿泊業者をはじめとする諸産業と結びついて成立しているため，当然のことながら資本の移動をともなう。

　グローバル資本主義において重要な産業の一つである観光産業を担う人材を育成することが，産業界のもとで強く求められるようになった社会的文脈と呼応して，観光学部はこの時期に数多く設立されたのである。特に，モビリティーズを支えるサービス業——たとえば旅行業，交通関連産業（鉄道業，航空業，船舶業など），宿泊業（ホテル・旅館業など），観光土産業，観光施設（美術館・博物館，動物園・水族館など），飲食業（レストラン業など），イベント・コンベンション業，アミューズメント業，ガイドブックを出版するメディア出版業などがこれにあたる——を担い，たえず移動（モビリティーズ）の途上にあるようなグローバル・リーダーたちに観光サービスを提供し続ける人材を育成することに向け，「実践的」かつ「役に立つ」教育をほどこすことが産業界からは要請されていったのである[5]。

　特に1990年代後半以降，このことは安倍政権における地方創生プロジェクトと深く絡んでいった。それゆえ奈良県立大学地域創造学部「観光経営学科」(2001年)，高崎経済大学地域政策学部「観光政策学科」(2006年)，和歌山大学観光学部「観光経営学科」「地域再生学科」(2008年)，法政大学大学院政策創造研究科「文化・都市・観光創造群」(2008年)，京都文教大学人間学部文化人類学科「観光・まちづくりコース」(2011年)，立命館大学文学部地域研究学域「地域観光学専攻」(2012年)，追手門学院大学地域創造学部「観光・まちづくりコース」(2015年)，金沢大学人間社会学域地域創造学類「観光学・文化継承コース」(2018年)をはじめ，「地域」に関連する学部・学科のなかで観光学の人材育成がおこなわれるようになったのである。

7 むすびにかえて：媒介のコスモポリタニズム

　しかしながらグローバル資本主義において重要な産業となっている観光産業を担う人材を育成することのみが，観光学に関連した大学の役割なのだろうか。観光学には，さらなる可能性が宿っているのではないか。それは，どのようなものか。

　移　動の時代において，観光では「ごく普通の人びとが日常生活のなかで異なる民族や文化をもつ他者と出会い，対立・交渉を通じて共存を模索する」（大澤ほか2014：299）とともに，それを通じて個々人が自らの幸せを追求する技法を学ぶことができる。観光学は，観光に内在するそういった契機を引き出し，そのことを担える市民を養成するものにもなりうると考えられる。

　もちろん，自由な移　動に常に開かれているのは，一部のグローバル・エリートたちに現在は限定される傾向にある。そうした権力性の問題を抜きに，移　動を称揚するのははなはだ危険であるといわざるをえない。また観光は，地域の文化や自然を観光開発によって変容させ，ときに衰退させてしまうこともある。観光は，観光者を地域の文化・自然などを受動的に享受する〈単なる消費者〉に変え，自然・文化などが変容・衰退していくことさえわからないようにさせる「負の力」をもつのである。B. スティグレール（2006）の「象徴的貧困」にならっていえば，「観光的貧困（touristic misery）」とも呼ぶべき観光の「負の力」から目をそらすようなことがあってはならない。

　だが，それにもかかわらず観光学は，モバイルな資本主義のもとで対立していると思われている，以下のような多様なものごとを媒介する学となりうる可能性をも

---

5) アメリカやオーストラリアなどの大学の場合，観光関連学部・学科はサービス産業に従事する人材の育成に特化したものであることが多い。その一例として，アメリカでは，Cornell University の 'School of Hotel Administration'，George Washington University の 'Department of Tourism and Hospitality Management'，University of Hawaii at Manoa の 'School of Travel Industry Management'，オーストラリアでは，James Cook University の 'Faculty of Law, Business and the Creative Art' における 'School of Business' で取得できる 'Bachelor of Hospitality Management' 'Bachelor of Tourism Management' などを挙げることができよう。これが観光教育のフォーマットであると無批判的に主張するような議論が，観光学教育に携わる一部の人々の間でもおこなわれたりもするが，これらの大学の観光教育もまた特定の文化や社会の文脈に依存していたものであり，そのことを批判的に捉えていくべきなのである。

6) これは橋本（2013）がいう「部分的連接の理論」，遠藤（2013）がいう「ディシプリンの生成運動の理論」とも深く関わるものである。

01 大学における「観光学理論」はどこに向かうべきなのか？　*29*

っているのではないだろうか。

---

① グローバルとローカル

② 自己（自文化，自地域）と他者（異文化，他地域）

③ 日常と非日常

④ 理論と実証（フィールド，調査）

⑤ 研究（大学）と実践（地域，産業界）

⑥ 都市と農村

⑦ 人工と自然

⑧ ディシプリンと他ディシプリン

⑨ 移動するもの（モビリティーズ）と移動しないもの（非モビリティーズ）

　観光学は，これらを結びつけ，媒介させながら考察することが要求される学である。それゆえ「移動に内在する権力性」や「観光的貧困（touristic misery）」などの問題を決して等閑視すべきではないものの，観光学は，G. ヴァッティモが『透明なる社会』（2012）で主張していたように，透明なるコミュニケーションに疑問を呈し，絶えざる移動によるグローバルな世界が有する多元性を引き受け，不透明な社会のなかで多様に対立するもの同士を媒介し，結び，連接し，生成のなかで自らの幸福へと誘う能力を培うことができる可能性をもつといえよう[6]。

　大学における「観光学理論」には，そうした「媒介する（つなぐ）市民」を育成することに真の役割があるのではないか。それは，J. デリダ（2008）が「条件なき大学」と呼ぶもの＝「すべてを公的に言う権利」を有する場，すなわち無条件に自由な思考が可能な場を創出するためのものとなるだろう。移動を民主的（デモクラティック）なものへと転換し，そのことに基礎づけられた「媒介の思考」により，不透明な社会のなかで，ねばり強く「媒介のコスモポリタニズム」を実現しようとすること──観光学が養成すべき人間は，こうしたものであるべきではないか。

【引用・参考文献】

アパデュライ, A. ／門田健一［訳］（2004）．『さまよえる近代──グローバル化の文化研究』平凡社

ヴァッティモ, G. ／多賀健太郎［訳］（2012）．『透明なる社会』平凡社

エリオット，A. & アーリ，J.／遠藤英樹［監訳］（2016）．『モバイル・ライブズ─「移動」が社会を変える』ミネルヴァ書房

遠藤英樹（2013）．「人文・社会科学における「観光論的転回」─生成的なディシプリンへの呼びかけ」『観光学評論』*1*(2), 129-144.

大澤真幸（2009）．『虚構の時代の果て』筑摩書房

大澤真幸・塩原良和・橋本　努・和田伸一郎（2014）．『ナショナリズムとグローバリズム─越境と愛国のパラドックス』新曜社

小熊英二（2009）．『1968 上─若者たちの叛乱とその背景』新曜社

小熊英二（2009）．『1968 下─叛乱の終焉とその遺産』新曜社

草原克豪（2008）．『日本の大学制度─歴史と展望』弘文堂

国土交通省観光庁（2018）．『平成 30 年版　観光白書』

スティグレール，B.／メランベルジェ，G.・メランベルジェ眞紀［訳］（2006）．『象徴の貧困─1 ハイパーインダストリアルの時代』新評論

デリダ，J.／西山雄二［訳］（2008）．『条件なき大学』月曜社

徳久球雄・安村克己［編］（2001）．『観光教育─観光の発展を支える観光教育とは』くんぷる

橋本和也（2013）．「観光学の新たな展望─なぜ，いま「観光経験」なのか」『観光学評論』*1*(1), 19-34.

広田照幸・石川健治・橋本伸也・山口二郎（2016）．『学問の自由と大学の危機』岩波書店

ベル，D.／内田忠夫ほか［訳］（1975）．『脱工業社会の到来─社会予測の一つの試み 上・下』ダイヤモンド社

細井克彦・石井拓児・光本　滋［編］（2014）．『新自由主義大学改革─国際機関と各国の動向』東信堂

前田武彦［編著］（2013）．『観光教育とは何か─観光教育のスタンダード化』アビッツ

見田宗介（2006）．『社会学入門─人間と社会の未来』岩波書店

室井　尚（2015）．『文系学部解体』KADOKAWA

文部科学省（2001）．「大学（国立大学）の構造改革の方針」〈https://www8.cao.go.jp/kisei/giji/004/4.pdf（最終閲覧日：2019 年 4 月 7 日）〉

文部科学省（2015）．「第 3 期中期目標期間における国立大学法人運営費交付金の在り方について・審議まとめ」〈http://www.mext.go.jp/component/b_menu/shingi/toushin/__icsFiles/afieldfile/2015/06/23/1358943_1.pdf（最終閲覧日：2019 年 4 月 7 日）〉

文部省（1971）．「今後における学校教育の総合的な拡充整備のための基本的施策について（答申）」〈http://www.mext.go.jp/b_menu/shingi/old_chukyo/old_chukyo_index/toushin/1309492.htm（最終閲覧日：2019 年 4 月 7 日）〉

文部省（1991a）．「大学設置基準の一部を改正する省令の施行等について」〈http://www.mext.go.jp/b_menu/hakusho/nc/t19910624001/t19910624001.html（最終閲覧日：2019 年 4 月 7 日）〉

文部省（1991b）．「第 2 部 文教施策の動向と展開　第 4 章 高等教育の改善・充実　第 2

節 高等教育改革の推進 1 大学設置基準等の大綱化と自己評価」『我が国の文教施策（平成3年度）』〈http://www.mext.go.jp/b_menu/hakusho/html/hpad199101/hpad199101_2_150.html（最終閲覧日：2019年4月7日)〉

吉見俊哉（2011）．『大学とは何か』岩波書店

吉見俊哉（2016）．『「文系学部廃止」の衝撃』集英社

Böröcz, J.（1996）. *Leisure migration: A sociological study on tourism.* Oxford; New York: Pergamon Press.

Inglehart, R.（1997）. *Modernization and postmodernization: Cultural, economic, and political change in 43 societies.* Princeton: Princeton University Press.

Sheller, M., & Urry, J.（2004）. *Tourism mobilities: Places to play, places in play.* London: Routledge.

Urry, J.（2000）. Mobile sociology. *British Journal of Sociology, 51*(1), 185–203.

02 観光まちづくり論の変遷における人材育成の位置づけ
経営・政策志向を相対化する視点の必要性

堀野正人

 1 はじめに

「観光まちづくり人材」を学的に理論づけようとするならば，まずは「観光まちづくり」が観光研究においてどのように扱われ，論じられ，位置づけられてきたのかを問わなければなるまい。というのも，観光まちづくり論の水準や変遷を跡づけ，客観化する作業を抜きにして観光まちづくりの人材を論じれば，それは近視眼的な方法論の提言に終始してしまうおそれがあるからだ。つまり，観光研究に求められることは，人材育成の議論を即自的なノウハウの次元に回収させるのではなく，観光まちづくりの理論的な把握との関連のなかで位置づけることではなかろうか。

本章では，観光まちづくりのこれまでの研究動向を跡づけ，そのなかで人材育成がどのように位置づけられているのか，その理論や実践手法が，現実の観光ないしは経済社会の状況に照らして，どのような客観的意味をもちうるのかを考えたい。そのための方法および構成は，おおむね次の通りである。

第一に観光まちづくりに関する議論が，観光研究の一領域として登場し，認められるようになってきたのはいつ頃なのか，また，当初の研究の傾向や特徴はどのようなものであったのかを，学会誌や専門書に掲載された論文の状況から振り返る。さらに，その後，人材育成というテーマが前景化してくる状況のもとでどのように研究が展開し，それが政府・観光産業のなかでどのように扱われてきたのかを明らかにする。

次に，観光まちづくりと旅行業の新たな関係に着目し，そのなかに人材育成の展開を位置づけてみたい。特に，観光まちづくりの自立と依存という両義性と，そこから導き出されるであろう人材育成の意味を探ってみたい。

最後に，観光まちづくりの人材とは，具体的にはどのような内容構成をもち，どのような社会領域にわたるのかを整理する。また，そのなかでも特に重点がおかれる観光まちづくり推進組織（プラットフォーム）の人材に求められる要素について，先の二つの議論も併せて考えてみたい。

2 観光まちづくり論の変遷

● 2-1 観光まちづくり論の登場

観光まちづくり論が展開される前に，まず，地域と観光の問題が観光研究では前景に現れてきた。そこでは，観光は産業と観光客の占有物ではなく，功罪を含めてさまざまな面で地域と関わり合っているものとされ，地域にとって観光とは何かをあらためて問い直す動きがみられるようになる。では，地域と観光との関係をテーマに含めた論考は，観光を研究対象とする学会ではいつ頃から現れてきたのだろうか。ここでは，代表的な観光系の学会である日本観光研究学会が毎年発行している『学術論文集』からその様子を探ってみたい。「地域」と「観光」の関わりをテーマにした論文が最初に現れるのは 1989 年だが，それが一つの潮流となってくるのは 2003 年以降である。2006 年には「地域」をテーマに含む論文が 20 編を超え，全論文数に占める割合も 20％を超えるようになった[1]。その後も 25 編前後で全体の 4 分の 1 を占め続けている。

こうした変化のなか，1996 年に「観光まちづくり」という用語がタイトルに現れるようになり，2003 年以降は切れ目なくみられるようになる。2006 年には「着地型観光」という言葉が登場し，「観光まちづくり」とならんで常に論文タイトルに含まれる用語として定着する。地域の観光に対する旅行業的な視点からのアプローチが学会動向にも反映しているものと推測される。このように，現在では観光まちづくりとそれに関連するテーマは，観光研究の主要な領域の一つになったといっても過言ではないだろう。

では，以上の変化を専門書に掲載された文献でみてみたい。すでにふれたように 1990 年代後半になると，観光産業，観光行政，観光協会といった，従来から観光に関与してきた領域や主体だけでなく，地域社会と観光との関係が問われるようにな

---

1) 地域に関連する用語として，地域，まち，まちづくり，むらづくり，コミュニティ，住民，交流，観光ボランティア，着地型観光，人づくり，のいずれかを含む論文を数えた。

ってくる。それまでの地域における観光振興や観光開発のあり方を見直し，地域の側から観光のあり方を考えようとする動きが強まってきた。観光の背後にある地域社会の重要性を説き，両者の関係を論じたものに，たとえば，早崎（1994），小濱（1995），石原ら（2000），北川（2001）などがある。この時期には，総合保養地域整備法（通称，リゾート法）という政府の地域振興策に乗って，各地で展開されたリゾート開発の負の側面が現れ始め，その批判的な検討がされるようになっていた。そして，大型施設建設や外部の資本に頼る旧来の開発手法ではなく，地域が主体となって観光を推進するという新たな思考や方法が唱えられるようになったのである。

　その後，2000年代に入ると，地域が観光に密接に関与するようになってきた現実を把握し，その理念的な定式化を試みる議論が展開されるようになる。この時期には，いくつかの地域で現実に観光まちづくりが成果をあげ，注目を集めるようになっていた。たとえば，小樽，函館，小布施，飛騨古川，長浜，近江八幡，上高地，湯布院などでは，各々の地域の素材を活かした個性的なまちづくりが，観光と密接に関わり合いながら進展をみてきた。

　さて，1990年代後半から2000年代初頭にかけて書かれた論文ないし著書の多くは，観光まちづくりの先進的な地域の事例から共通する特徴や要因を明らかにし，それらの抽象化あるいは理論化を試みるものであったと考えられる。それらが指摘した観光まちづくりに共通の特徴や性格として，おおむね以下のようなものが挙げられる（堀野 2006：147）。

① 地域の行政・企業・住民等が相互にネットワークを形成しつつ，主体的，内発的に観光を軸にしたまちづくりをはかっていく。

② 地域の歴史・文化・産業・生活等がもつ固有の資源を発掘し磨き上げて観光の魅力を創出する。

③ 必要な資金やノウハウを外部の資本に依存して大規模な開発をするのではなく，既存の施設や文化遺産等を活用して自然・社会の環境許容量に適合した規模の事業を目指す。

④ 想定される観光客は，一過性の消費のための観光をするのではなく，一定時間滞在し，地域の人々と交流して理解を深め，再訪してくれるような人びとである。

⑤ 観光を軸にまちづくりを進めることが，外部からの共感や評価を高め，地域住民のアイデンティティの形成や文化創造に寄与する。

02　観光まちづくり論の変遷における人材育成の位置づけ　*35*

　こうした議論の展開のなかから，地域やまちづくりと観光のあり方を捉える概念として，内発的観光開発，まちづくり型観光，観光まちづくり，地域主導型の観光などが提唱されるようになった（東 1998；西村 2002；井口 2002；石森 2001；上田 2003）。また，地域の主体性とならんで，観光，地域社会，環境および来訪者が，バランスをとって相互の関係を継続していくことが重視された。つまり，観光と地域の調和および持続可能性が，観光まちづくりの要諦とされたのである（伊藤 1999；西村 2002；東 2003；安村 2006）。

　このように，初期の観光まちづくり論では，地域をめぐる観光のあり方の変化を把握し，その共通する特徴を整理して一般化している。また，現状の理論化とともに，まちづくりと観光の進むべき方向を示唆し，一定の枠組みを提示した。つまり，観光まちづくり論の多くが，あるべき理念と到達すべき目標を示す政策提言的な性格をすでにもっていたということでもある。

　政策としての観光まちづくりに最も大きな影響を与えたのは西村幸夫であろう。西村は 2000 年頃から国の観光行政と連携しつつ積極的に観光まちづくりの推進を提唱してきた。ただし，西村の主張で重要なことは，まちづくりを第一義的な目標とする論の展開となっていることだ。以下に示すように，観光は目的ではなく，まちづくりの手段であり，もっといえば結果にすぎない点が強調されている。

> 観光まちづくりとは，地域が主体となって，自然，文化，歴史，産業，人材など，地域のあらゆる資源を活かすことによって，交流を振興し，活力あるまちを実現するための活動であるといえる。つまり，観光まちづくりでは観光はまちづくりの結果のひとつのあらわれであり，まちづくりの仕上げのプロセスを意味している。（西村 2002：21）

　つまり，「重要な点は最終的なねらいが生き甲斐のある拠点をつくる」ということにあり，「観光はそのための重要な手段ではあるが，目的ではない」としている（西村 2002：31）。

　ところで，この「結果観光論」が主張された背景には，それまでの観光が端的にいえば産業のためのものであり，地域住民の生活や諸活動との連関が問われてこなかったことがあろう。マスツーリズムにおけるゴミ，騒音，風紀の悪化などの観光公害や，過剰入込による混雑や交通渋滞，観光客の一過性の受動的な態度等々の問題は，まさにその負の側面の現れであった。そのため，まちづくりにおいては，あ

くまで地域住民が豊かに暮らすことが第一義であり，観光をその副産物として説くことが，より強調されたものと思われる[2]。

　ところで，初期の観光まちづくり論では，人材育成は主要なテーマとして取り上げられてはいない。たしかに重要な役割を果たす人材としてリーダーの必要性は指摘されていた。しかし，よく見受けられたのは，「ヨソモノ，バカモノ，スグレモノ，ワカモノ」がまちづくりに必要だといった，どちらかといえば経験論に即した見解であったし（藤崎 2002：76；井口 2005：8），その育成に計画的に取り組むためのプログラム化やシステム化の議論はみられない[3]。研究の関心が観光まちづくりの成功事例から，その特徴を抽出し，一般的な理念型を措定することに向けられ，また，現実のまちづくりの多くがようやく着手された段階だったとすれば，人材の育成というより実践的な課題は，まだ議論の俎上に載ってこなかったのかもしれない。

● 2-2　観光まちづくり論における経営的視点の導入と人材への着目

　2000 年代に入り，時間の経過とともに，観光まちづくり論の関心がより課題解決的なものへとシフトしていく。当初の議論では，あくまで観光は第一義的な最優先の目的となるべきではなく，まちづくりの進展と連動して，事後的に実現していくものとして捉えられていた。しかしながら，少子高齢化や過疎化の進む地域社会の現実は，それを許す余裕はなく，来訪者つまりは交流人口という名の観光客を誘致し，観光による雇用・所得の創出を効率的に実現することが差し迫った課題となってきた。観光まちづくりにおいて，人材育成が重要なテーマとして浮上してくるのは，このような背景のもとで現実の観光まちづくりが観光客誘致による経済活性化といった結果を重視するスタンスへとシフトしてきたからだと考えられる。こうした背景のもとで，観光まちづくりの議論もいわば第二ステージに移っていく。本項では，その代表的な論者である敷田麻実らの主張をみていこう。

　多くの地域が観光まちづくりに取り組むようになるものの，実際には容易に成果

---

2) こうした当時の論調に対して疑問や懸念が示されなかったわけではない。西村らの議論が予定調和的であり，観光客の想定も理想主義的で現実からの乖離があることなどが指摘された（堀野 2004：125–126；吉田 2006：161–173）。

3) 実際のリーダーは，まちづくりの実践過程のなかで，自然発生的に現れた人物や，あるいは偶然にその地域と関わることになった人物とみた方がよいであろう。こうしたリーダー的人材の一部が，のちに観光カリスマとして国の観光政策の文脈に取り込まれ，伝説化されていく。

があがらないという現実に対して，敷田は，そうした状況が生まれるのは，類まれ
なリーダーへの待望や，組織や営利を嫌う「人」重視の「流儀」によって，まちづく
りが機能不全に陥っているからだという。さらに，観光の魅力となる地域の資源を
発掘して磨きあげることには熱心でも，地域外のニーズや情勢が目に入らない，自
己中心的な内向きの観光まちづくりになっていることが問題だと指摘する。

　つまり，「観光客が来てなんぼ」なのであり，「いくら地域が輝いても，肝心の観
光客が来訪しなければ観光まちづくりにはつながらない」という（敷田 2009：16-
17）。「観光まちづくり」が「観光」による「まちづくり」である限り，地域の活動
が観光と結びつかなければ，いつまでも未完成でその努力は実らず，まちづくりの
機能は十全に発揮できていないとみなされるのである。

　もっとも，敷田ら（2009）は，まちづくりにはビジョンが必要であること，そし
て，リーダーがそれを示し続けることの重要性を認めているし，地域ブランドの形
成も地元の人々の合意や共通認識がない限り，成功しないことを指摘している。だ
が，こうした歯止めをおきつつも，議論の基調は，いかにして，まちづくりと外部
をつなぎ，観光のフローを実現して円滑に循環させるかという方法論に向けられて
いる。

　かくして，観光まちづくりにとって実践的に応用しうる理論的枠組みを措定し，
より戦略的に観光まちづくりを進めていくための議論が展開されていく。

　まず，観光まちづくりの実現のためには，地域に潜在する観光資源を選定し，ア
レンジして商品として造成し，その販売のための流通チャネルを構築し，プロモー
ションを図っていくことが求められる。そして，地域がバラバラではこれらが連動
して機能しないため，観光まちづくりと外部を仲介する推進組織ないしプラットフ
ォーム（敷田らは中間システムと呼ぶ）の形成が必須となる。この組織が地域商品
のブランド化を図って統一的なイメージを形成し，また，資源を提供する地域活動
主体間の調整をおこない，外部への情報発信やプロモーションを実践していくとい
う構図が描かれる（敷田ほか 2009）。

　ほぼ同時期に，観光まちづくりに関するこうした議論はほかの論者によっても
展開されており，マーケティング，マネジメント，ブランディングといった経営戦
略的な用語を含む書籍が続けて出版されている（たとえば小林・佐藤 2008；西村
2009；十代田 2010；大社 2013）。ちなみに日本観光研究学会の『学術論文集』にお
いても，この頃からやはり経営学的な用語が見受けられるようになる。

　このように，観光まちづくりに経営的視点の必要性が説かれる一方で，まちづ

くりに参画する人づくりにも関心が向けられていく。たとえば，佐々木一成は，地域発の旅行商品やサービスを魅力ある地域づくりと関連づけて構築し，推進していくプロデューサー型人材の必要性を説いた。また，そうした人材を確保するために，大学が観光事業者や自治体などと連携しつつ育成していく方法や，公募などで地域外から招聘する方法を提示している（佐々木 2008：225-231）。また，麦屋弥生は，観光まちづくりのリーダーに必要となる資質，能力，リーダーが生まれる地域環境や，次世代リーダー育成の条件などを論じている（麦屋 2009：229-233）。さらに，まちづくりへの住民参加との関連で，地域住民のホストとしての働きに着目する議論も見受けられる。原田（2008：89-91, 99-100）は，着地型観光における語り部，インタープリターなどの地域案内人の重要性を指摘し，その意義や育成組織体制などを論じている。

　観光まちづくりの具現化を図る過程で，推進組織がマーケティング／マネジメントを担える人材や，ガイド，インストラクターなどの人材育成をどのように進めるかは，現実的な課題としておのずと浮上してくることになる。一部の推進組織では，そのための具体的なシステムやプログラム形成の取り組みも進められてきたが，やがて，まちづくりとは異なる位相からそれらが提示されることになる。

● 2-3　観光まちづくりの定式化と人材育成の戦略化

　最近の観光まちづくりと人材育成をめぐる議論は，さらに広がりをみせ，政府，観光産業，観光関係機関などで，いわば当然のこととして取り上げられるようになっている。より正確にいえば，観光まちづくりの取り組みを，経営的な視点や手法を用いて，計画的・戦略的に進めるための政策提言の検討と提示が次々とおこなわれているのである。

　観光庁は，2002 年に「観光カリスマ」の選定を開始し，2007-2009 年度には「観光地域プロデューサー」モデル事業を実施しており，観光まちづくりにおけるリーダーや人材の育成に関与してきた。こうした流れを汲んで，2009 年の「観光地域づくり人材育成の取組みに関する調査」を経て，2015 年には「観光地域づくり人材育成実践ハンドブック」を作成している。後者のハンドブックの主な内容は，観光地域づくりの意味と目指す観光の姿から始まり，観光地域づくり人材育成の事業の企画立案方法，人材育成プログラムの構築・実施要領，そしてプログラムの実施・構成例となっている（観光庁観光地域振興部観光地域振興課 2015）。まさに実践マニュアルであり，人材育成全体の推進過程から具体的なプログラムの実施方法まで，

非常に細かい実践的手法を提示している。

　これらと並行して，同庁は「観光地域づくりプラットフォーム」支援事業を実施した。これは，観光圏において，さまざまな滞在型観光の取り組みを推進し，市場との窓口機能などを担う「観光地域づくりプラットフォーム」の形成を促進しつつ，着地型旅行商品の企画・販売，人材育成などをおこなう取り組みを支援していくものである。その後，同事業を引き継ぐ形で，2015年には日本版DMO（Destination Marketing/Management Organization）の育成支援に乗り出している。その主旨は，地域の「稼ぐ力」を引き出すとともに地域への誇りと愛着を醸成する「観光地経営」の視点に立って，関係者と協同しながら，明確なコンセプトに基づく観光地域づくりを実現するための戦略を策定し，実施するための調整機能を備えたDMOの形成・確立を支援することにある（内閣官房まち・ひと・しごと創生本部事務局 2015）。

　また，観光産業でも変化がみられる。なかでも旅行業界は観光まちづくりを前提とした商品造成や，人材育成に積極的に関与するようになってきた。一部の大手旅行会社は，着地型商品の造成と重ね合わせて，地域のコミュニティの発展と持続可能なツーリズムの推進を掲げ，専門業者として培ってきたノウハウや人材の活用によって観光まちづくりをサポートすることを提案している（これについては次節で詳述する）。

　さらに，公益社団法人日本観光振興協会の機関誌は，長年『月刊観光』として出版されていたが，2009年より『観光とまちづくり』に書名を変更している。同協会は『観光とまちづくり』が，「観光全般に関する唯一の総合情報誌」であり，観光をめぐるさまざまな「課題や問題を特集として取り上げ，その分野に通じている方々とともに解決の方向を探って」いくことを標榜している（日本観光振興協会 n.d.）。

　このように，一見すると，地域，政府，旅行業，観光関連組織が，大同団結して足並みをそろえて観光まちづくりを推し進めているようにもみえるが，はたしてそうだろうか。

　観光庁は，観光地域づくりを政策の柱の一つとして掲げ，その眼目として，外国人旅行者の来訪を促進するとともに，満足度を高め，リピーターの増加を図ることを挙げている（観光庁 2016b）。また先にふれた，各地域でその中核的な役割を担う「観光地域づくりプラットフォーム」については，地域内の着地型旅行商品の提供者と市場（旅行会社，旅行者）を仲介するワンストップ窓口としての機能を担う事業体として捉え，同商品の企画・販売，人材育成などの取り組みを支援するとしてい

40

る（観光庁 2016a）。また，DMO の具体的な役割・機能として，各種データなどの継続的な収集・分析による明確なコンセプトに基づいた戦略（ブランディング）の策定，KPI（Key Performance Indicator：重要業績評価指標）の設定および PDCA サイクルの確立，関係者が実施する観光関連事業と戦略の整合性に関する調整・仕組みづくりやプロモーションを挙げ，その具体例として着地型旅行商品の造成・販売やランドオペレーター業務の実施を想定している（観光庁 2018）。

　ここから浮かんでくるのは，観光まちづくり推進組織（プラットフォーム）が着地型商品と市場とを仲介し，観光地域のマーケティング／マネジメントの機能を果たすことによって，訪日外国人旅行者を含むリピーターとその観光消費支出を増大させ，最終的には国家レベルでの経済活性化や外貨獲得につなげようという政策的意図であろう。

　こうした動きをみるならば，観光まちづくり論は，第三のステージへと進んできたとみることもできよう。第三ステージの大きな特徴は，政府や観光関連産業による観光まちづくり論の取り込みである。ここでは第二ステージで展開された観光まちづくり論が，いわば定式化され，これらの組織や領域で流通するようになっている[4]。すなわち学会・行政・業界がこぞって観光まちづくりを推奨するという構図が現れたのである。しかし，ここで重要なことは，地域の人々の豊かさや持続可能性が謳われながら，その実質的な目的がシフトしていることだ。全体の構成を客観的にみれば，経済的成果をあげるものとして観光の推進を定置しており，まちづくりの結果としての観光を提唱するものではないと考えられる。

3 自立と依存という両義性：観光まちづくりと旅行業の新たな関係

　ここまでみたように，観光まちづくりの政策化が進み，研究の領域でもそれに同調するかのように戦略的マネジメントを推奨することが，一つの潮流のようになってきた。その背景には，政府や観光産業にとっての利益や思惑がある一方で，地域

4）2010 年頃から後の観光まちづくり論は，たしかに実践的・戦略的な課題解決のための方法論的なアプローチに関心を寄せるものが多数を占めている。しかし，観光まちづくりの現実的な過程とそこで生じる問題に着目し，実践主体の立ち位置からいったんは距離をおいて考察することで，その背景や構造を解き明かすことも重要であろう。実際，こうした問題関心を共有する論考も生み出されている（堀野 2014；韓 2014；四本 2014）。

02　観光まちづくり論の変遷における人材育成の位置づけ　*41*

側のおかれた状況や判断も見逃せないように思う。以下では，観光まちづくりが観光市場にどのように連接されていくのかを，まちづくりと旅行業の相互依存的な関係に着目して考えてみたい。

　近年，エアラインの座席，ホテルの客室，観光施設の入場券などを，観光客が個人で直接，企業（サプライヤー）からインターネット経由で買い入れる，いわば旅行会社の「中抜き」現象が進んできた。これは，流通業界全般の傾向であるが，旅行関連のサービス商品においても同様の傾向がみられる。

　このことは，地域が提供する観光サービスを個人がネットで選択，購入できる環境が整ったことを意味する。したがって，もし，観光まちづくり推進組織（プラットフォーム）が，自ら地域資源と観光客の仲立ちをする機能を十全に果たすのであれば，地域という観光商品を販売するチャネルを構築することが可能になるということだ。

　このような変化は，まちづくり推進組織の主体性が強まることの現れでもある。旅行会社に観光客（消費者）とのあっせん・仲介を依存しなければならない従来の流通構造から自立して，観光客に直接に訴求することも可能になってきた。理屈としては，これまで旅行会社の収入となっていた手数料（コミッション・フィー）を，すべてではないにしても地域サイドが回収することができるのである。

　もちろん，旅行業の中抜きが単純に進むわけではない。むしろ，実際には地域と旅行業との関係は対抗するというよりも相互依存する形をとって展開していくものと思われる。

　旅行業からは，地域のまちづくりによって発生する観光は，一般に「着地型観光」として認識されてきた。着地型観光は，現地の人にしか提供できない個別の資源や情報，生活文化に根差した体験型アトラクション，まちづくりをベースにしたイベントや企画商品，ボランティアガイドやインストラクターのような人的サービスなどから構成される。そのため，旅行会社自らが個々のサービス提供者と交渉，調整をして，これらを観光商品として仕立て上げることは難しく，まちづくり推進組織を介して仕入れる方が合理的である。このことは旅行業が，サプライヤーとしての「地域」に依存せざるをえなくなることを意味していよう[5]。

---

5) ただし，旅行会社は，着地型観光を既存のルートに組み入れたり，目的地のオプションに加えたりして観光客に提供することが可能となる。

しかしまた，観光産業サイドからみれば，観光まちづくりの進展とともに観光客が増えることは，新たな商品ないし市場の開拓の機会とみることもできる。すでに着地型観光は，旅行会社にとっても無視できない領域となっているし，現実に商品化が進められてきた。

さらに，着地型観光をめぐる地域と旅行業との関係は，より深化している。地域の住民や環境から遊離し，ときに対立する存在と考えられてきた観光産業は，もはや，地域社会との連携を当然の前提として活動をすることを自ら提唱している。

たとえば，H.I.S.ではコミュニティへの参画およびコミュニティの発展を，組織の社会的責任の中核主題の一つに位置づけ，地域社会と共生し，共に未来を切り拓く取り組みに注力することを掲げている。このテーマのもとに，旅先での人とのふれあいや学習など，旅行者のニーズが多様化・高度化するなかで「着地型観光」の開発を進めるという。なお，「着地型観光」については，旅先の地域の人々が，その土地を深く知る者ならではの情報や企画力を発揮して，従来の旅行企画にはない魅力的な旅を提案するものと位置づけている（H.I.S. CSR事務局 2015）。

地域社会との共生を前提とする着地型観光の開発にとどまらず，観光研究サイドが提示してきた観光まちづくりの発展のための定式は，観光庁の政策展開と歩調を合わせて旅行業にも浸透しつつある。たとえば JTB は，観光まちづくりをトータルサポートするための地域交流プロジェクトを推進している。「地域の発展と成長を望むからこそできる，未来に繋がる地域活性化」を目指し，そのために，エリア・プロモーション・マネジメントによって「地域の宝を再発見し，磨きをかけ，地域への誘客の為に培った数多くのノウハウやグループ内のリソース等を活用し，地域それぞれの現状や課題に合った解決を行う」という（JTB 2015）。最終的な目的は，地域への協力によって，交流人口の増大が地域経済の活性化に結びつくことである（図 2-1）。

まちづくりの推進組織では，経営戦略を立てる能力や商品企画・開発のノウハウなどが必要とされるが，これらを担える人材が簡単に育成できるわけではない。現実的な対応策は，観光産業のノウハウを移転し，地域に定着させる方法であろう。JTB の地域交流プロジェクトの例では，その一環として，市場調査，資源発掘，広報宣伝，着地型商品企画などのノウハウを身につけられる「地域観光マーケティングスクール」を開催している [6]。

また，この点で注目したいのは，旅行業を中心とした観光産業から地域の観光関連組織への転身が増えつつあることだ。観光協会やコンベンションビューローだけ

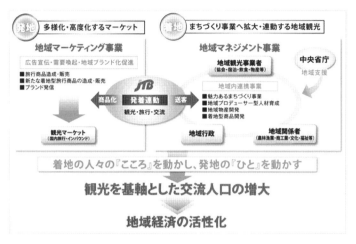

図 2-1 JTB 地域交流プロジェクトの事業領域（JTB 2015）

でなく，いずれ地域のまちづくり推進組織へも人材が移動することが見込まれる[7]。

ところで，観光まちづくりのマーケティング／マネジメントの進展は，ほかの人材育成の領域にもその影響を及ぼす。たとえば，ボランティア組織が担う現地のガイドや施設での接客対応である。ボランティア参加者からみれば，それらは地域固有の情報・知識や語学能力などを活かす機会であり，来訪者との交流を楽しむ機会という見方ができる。文化の伝承や新たなイベント起こしに取り組む地域住民活動にも同様の性格を見出すことができよう。しかし他方で，地域を一つの観光商品としてみるならば，これらの活動が無償ないしは低価格で商品を構成する一部のサービスを提供する働きをしていることになる。観光産業がコスト低減を図るために，ボランティア組織を活用しようとするとき，見返りを求めない地域住民の善意の現れである「ホスピタリティ」の搾取という問題に直面することになるだろう。

このようにみてくると，観光まちづくりの人材育成をめぐる地域と観光産業の関

---

6) ウェブでの広告には「「地域観光マーケティングスクール」は，大手民間企業の戦略策定のノウハウ豊富な電通と，全国各地の地域振興サポートの実績を持つ JTB が共同開発した，地域観光振興ノウハウを学ぶことができるワークショップの決定版です」と謳われている（JTB 2015）。
7) また，大学においても観光ビジネス系の学部・学科の増加によって，観光産業の実務経験者を教員として採用する事例が増えてきている。

係は，対抗的要素を含みつつも相互に依存する関係にあるといえる。言い換えれば，まちづくりの主体の自立と依存という両義的な側面を読み取ることができる。

　また，地域の主体性や持続可能性という観光まちづくりの基本理念は，資本主義市場への包摂という現実環境のもとで，異なる位相を展開するようになる。JTB は，今後，地域に観光客が継続して来訪する仕組みづくりを目指すことを掲げている。それは，各地の観光競争がますます激化することを示唆するものであるが，「地域観光戦国時代」ともいえる状況のなかで大切なことは，地域で観光に関わるすべての人が，各地域の「観光の芽」の育て方を学ぼうという認識をもつことである（JTB 2015）[8]。そして，交流人口の増大による地域産業の振興を主要な目的としておくのであれば，活動の主眼は，おのずと，地域に関わる人々が活き活きと暮らすための「まちづくり」から，経済活性化をもたらす「観光」へとシフトし，まちづくりの手段や結果としての観光ではなく，（経済的）目的としての観光へと認識が変化していくことになるだろう。

4 観光まちづくりの人材とは

　以上の観光まちづくり論の展開を踏まえたうえで，そもそも「観光まちづくり人材」とは何なのか。具体的にどのようなイメージをもって語られるのだろうか。

　地域における人材育成の実態については，観光庁による「観光地域づくり人材育成の取組みに関する調査」が実施されており，その概要を捉えることできる[9]。観光地域づくり人材育成に取り組んでいる団体・組織が目指す人材のイメージについてみると，「観光市民ガイド」（60.4%），「観光地域づくりリーダー」（35.1%），「体験メニュー等の企画・実施ができる人材」（26.2%），「着地型旅行商品に携わる人材」（20.4%），「体験メニューのインストラクター」（20.0%），「特産品の開発に携わる人材」（17.3%），「その他」（23.2%）の順となっている（観光庁観光地域振興部観光資

---

8) 「地域観光戦国時代」という現状認識に対して，研究者や行政が掲げてきた「オンリーワンの地域」や「一地域一観光」を目指すというスローガンがどこまで有効かが問われることにもなろう。

9) 調査対象は，①都道府県観光主管課・同観光協会（連盟），94 ヶ所，②全国の市区町村観光主管課・同観光協会，2,472 ヶ所，③全国の商工会議所，516 ヶ所，④その他（NPO 法人，まちづくり団体，企業など），275 ヶ所の計 3,357 ヶ所。調査期間は平成 20 年 11 月 18 日〜平成 21 年 1 月 30 日。回収状況は 1,239 ヶ所（回収率 36.9%）。

源課 2009：3）[10]。ここから，まちづくりの主体となる諸団体が想定している人材のイメージは，大きく分けて，①観光地域づくりのリーダーとしての人材，②観光商品・サービスの企画・開発に携われる人材，③その具体的なメニューを提供するためのノウハウをもった人材ということになろう。

では，観光まちづくりの人材は，どのような産業・組織・集団に属するのだろうか。図2-2は，観光まちづくりに関わる諸組織の関係を概括的に示したものである。観光まちづくりの人材は，狭義には，地域の多様な組織・団体を結びつけ，調整しつつその目指す方向へと観光まちづくりを推進していく組織の人材と考えられる。さらに広義に捉えるならば，実際に地域で活動する多様な産業，組織のなかで，観光にまつわる業務に従事する多様な人材が含まれるものといえる（図2-2）。

先に，まちづくりの人材のイメージを三つのタイプに分けて提示した。これらの

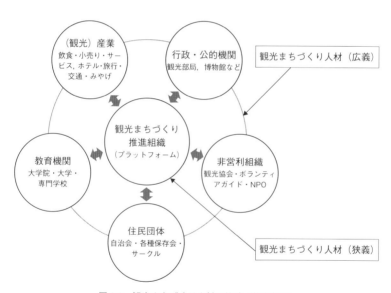

図2-2　観光まちづくり人材の範疇（筆者作図）

10) この調査は，全国の都道府県，市区町村，観光協会，NPOなどの観光地域づくり人材育成に取り組む団体の活動状況・成果を把握するとともに，取り組むうえでの課題や計画を把握することを目的としている。調査結果から，回答のあった1,239団体・組織のうち，460団体・組織（約37％）で715の観光地域づくり人材育成の取り組みが実施されていた。ここに示したのは，それらの団体・組織が目指す人材のイメージである。

人材を，図 2-2 に挙げた諸組織との関わりでみた場合，どのような配置となるだろうか。①の観光地域づくりのリーダーとしての人材，および②の観光商品・サービスの企画・開発に携われる人材は，主に観光まちづくり推進組織（プラットフォーム）に必要とされる人材であろう。そのような人材は，観光によるまちづくりのビジョンを地域に示して，各種団体とのネットワークを形成し，それらの間で調整・連携を図る。また，地域資源を発掘し，外向けの商品に仕立て上げてブランド化に取り組み，市場に向けてプロモーションを展開し観光客の誘致に結びつける。さらに，観光客を受け入れる体制を整え，交流によって地域の評価を高め，地域アイデンティティを形成する。こうした全体のプロセスを常に把握し，内外の環境変化に的確，機敏に対応しつつ，まちづくりと観光の相互発展の好循環を成り立たせていくような人材である。

　また，③の具体的な商品・サービスのメニューを提供するためのノウハウをもった人材は，図 2-2 でみると，主に観光まちづくり推進組織の周辺を取り巻く行政・企業・非営利組織などに属する人材であり，それぞれの組織のなかで育成されるとみてよいだろう。それらの人材は，観光まちづくりのある局面に関与することになる。このように考えれば，現場でスキルを発揮して観光客と応接するようなタイプの人材は，一部は観光まちづくり推進組織のもとで直接に育成されるかもしれないが，多くはすでにある地域の諸組織に依存するとみてよかろう。

　では，①と②の，まちづくりの全体過程に関わる，いわば中枢的な位置を占める人材は，どのような資質や能力を要するのかを考えてみたい。高橋は，観光まちづくりにおいて観光地域プロデューサーに求められる人材の要素（役割・資質・スキル・知識）を列挙している（高橋 2013：177–180）。

　ここに示された観光地域プロデューサーの役割・資質・スキル・知識などの内容のうち，①の観光地域づくりのリーダーに求められる固有の要素は，「地域をまとめる役割」「地域づくりに対する見識」「人的ネットワークを構築できること」「地域に愛着を持って接すること」「根気強さとともにファシリテートする力」「市民をまとめる調整スキル」などが該当するであろう。一方，②の観光商品・サービスの企画・開発に携わる人材の要素は，「企画・マネジメントに関するスキル」「営業に関するスキルやノウハウ」「IT に関するスキル」「旅行業の知識」「行政に関する知識」「マーケティングや会計，経営に関する知識」などが考えられる。

　現実には，一人の人物がすべての要素を兼ね備える必要はなく，複数の人間がこれらの要素を担い，観光まちづくりの中枢で全体のプロセスをリードしていくこと

が想定される。

　さて，観光まちづくりの人材の機能については，以上のように分類整理をすることがさしあたり可能である。しかし，より重要な問題は，これらの人材をどのように育成するかである。たしかに，地域のまちづくりの過程で，一定の教育プログラムが形成され，稼働している例もある。だが今，急速に進んでいるのは，先に述べたように，政府・旅行業などの外部の大きな組織によって，人材育成のシステム化や支援が提示されていることだ。

　そこには観光まちづくり側の事情も反映されていると思われる。一つには，観光まちづくりの中枢的な役割を果たすリーダーを地域で輩出することの不確実性や，それを待つ時間的猶予がないことから，地域外にリーダーを求めることの有効性が検討される。また，観光まちづくりに必要となる多種多様な人材およびその能力やノウハウの多くは，実は観光産業や観光関連組織において育成され，そこで蓄積されるものであり，その体系的な教育システムを，まちづくり組織自らが構築することも容易ではない。こうした状況を考えれば，行政の提供する人材育成マニュアルや，企業の提案する地域観光プロジェクトに依拠して，観光まちづくりと人材育成に取り組むことが効率的・合理的と判断されるだろう。

　ただし，どの地域も国が策定したマニュアルに従い，効率的で効果的な観光まちづくりのマネジメント／マーケティングを繰り広げ，人材育成についても同じシステムのもとに実施していくようになったとき，はたしてそれは，草の根的な下からの動きを特徴とする観光まちづくりの性格や，地域の主体性や固有性の発現といった理念との整合性を保てるのだろうか。先行する成功事例をそのままなぞるのではないにしても，多くの地域が観光まちづくりの競争状態に参入するなかで，それらが生産する商品・サービスのコンテンツやブランドイメージは，大同小異になりかねない。

　では，政府と地域，観光産業と地域の間における対抗的かつ相互依存的な状況のもとで，観光まちづくりの主体性や自律性を保ちつつ，その方向性を示していくような人材とは，いかなるものか。それは，観光まちづくりの現実的な過程とそこで生じる問題に着目し，実践主体の立ち位置からいったんは距離をとって俯瞰し，分析し，進むべき方向を選択することができるような人材であろう。言い換えれば，経済のグローバル化，メディア社会，地域間競争といった構造的な環境要因を把握し，行政，事業者，NPO，地域住民などの複雑に絡み合う主体間の関係と力動する現実のプロセスに目を向けながらも，地域の個別具体的な事象のなかから，観光ま

ちづくりの定式や人材育成のノウハウに還元されえない生きた知見を見出し，そこから戦略を構築して提示できるような人材である。そのような人材が，地域で活動する人々の実践において，経営・政策に一元化されないオルタナティブな判断の基準を提示しうるのではなかろうか。

5 おわりに

2010年を過ぎてから，観光まちづくりおよびその人材育成をめぐる議論は，より実践的で，経営戦略的な発想を取り込むようになった。経営的視点に立ってマネジメント／マーケティングを戦略的に展開していける観光まちづくり推進組織こそが，取り組み成功の鍵とされ，そうした組織に要請される人材の重要性が指摘されている。さらに，政府・観光産業などでも定式化された政策志向の観光まちづくり論が共有され，その取り組みや人材育成のシステム化が進められている。政府や旅行業は，それぞれの利害関心を内包しつつ地域に対して連携を働きかけ，今や，あたかもオール日本で観光まちづくりを進めるかのような印象さえ受ける。

一方で，観光まちづくり推進組織において，一連の企業活動的なプロセスを推し進めるための人材育成の必要が出てきたことは，地域が自立（自律）性をもって内発的に実践を積み重ねていこうとすることの現れでもある。つまり，今日の動きは，観光まちづくりの主体性の発揮が，国レベルでの観光客誘致や観光産業の新規市場開拓と連接されることによって生じているのであって，決して上から下への一方向的な流れによるものではなく，政府と地域，観光産業と地域の間における対抗的であると同時に相互依存的な関係のもとに進展してきたものではないかと考える。

このことを，あえて図式的にいえば，交流や文化創造を通して地域の人々の豊かさとつながりを実現することと，地域を売れる「商品」として市場に提供し経済的に活性化することとを，どのようにして整合させコントロールできるのかが，観光まちづくりに問われているということになる。この問題は，まちづくりの理念や戦略に常にフィードバックされ，その妥当性や実効性を問いなおし，再構築を迫ることになる。観光まちづくり全体の流れが実践・実利志向に傾きつつある現状のなか

---

11) 観光まちづくりの政策化が進むなかで生じているシステム化・マニュアル化や人材プログラムの導入といった地域の現実の姿をいかに多面的，動態的に把握するかが，相対主義的あるいは構築主義的な立ち位置からの観光まちづくり研究にとって，一つの課題といえる。

で，われわれは，こうしたダイナミックなプロセスとして観光まちづくりとその人材育成を捉える必要があるだろう[11]。

【引用・参考文献】

東　徹（1998）.「観光開発」長谷政弘［編著］『観光振興論』税務経理協会，pp.55-67.

東　徹（2003）.「観光地づくりにおける持続可能性と地域イニシアティブ」総合観光学会［編］『観光の新たな潮流』同文舘出版，pp.73-95.

井口　貢［編著］（2002）.『観光文化の振興と地域社会』ミネルヴァ書房

井口　貢（2005）.『まちづくり・観光と地域文化の創造』学文社

石原照敏・吉兼秀夫・安福恵美子［編］（2000）.『新しい観光と地域社会』古今書院

石森秀三（2001）.「内発的観光開発と自律的観光」石森秀三・西山徳明［編］『ヘリテージ・ツーリズムの総合的研究』国立民族学博物館，pp.5-19.

伊藤昭男（1999）.「持続可能な観光開発と地域発展」森本正夫［監修］塚本珪一・東徹［編著］『持続可能な観光と地域発展へのアプローチ』泉文堂，pp.36-42.

上田恵美子（2003）.「まちづくりと観光地形成—奈良市奈良町の事例より」山上　徹・堀野正人［編著］『現代観光へのアプローチ』白桃書房，pp.63-78.

H.I.S. CSR事務局（2015）.「H.I.S. CSRレポート2015」〈http://his.co.jp/csr/pdf/csr2015.pdf（最終閲覧日：2016年6月11日）〉

大社　充（2013）.『地域プラットフォームによる観光まちづくり—マーケティングの導入と推進体制のマネジメント』学芸出版社

観光地域づくり人材育成研究会［編］（2009）.『観光地域づくりの仕掛人—観光地域プロデューサーから学ぶ実践ノウハウ』ぎょうせい

観光庁（2016a）.「観光地域づくりプラットフォーム」〈http://www.mlit.go.jp/kankocho/shisaku/kankochi/platform.html（最終閲覧日：2016年7月10日）〉

観光庁（2016b）.「政策について・観光地域づくり」〈http://www.mlit.go.jp/kankocho/shisaku/kankochi/index.html（最終閲覧日：2016年7月10日）〉

観光庁（2018）.「日本版DMOとは？」〈http://www.mlit.go.jp/kankocho/page04_000048.html（最終閲覧日：2019年2月25日）〉

観光庁観光地域振興部観光資源課（2009）.「観光地域づくり人材育成の取組みに関する調査報告書」〈http://www.mlit.go.jp/common/000060193.pdf（最終閲覧日：2015年12月1日）〉

観光庁観光地域振興部観光地域振興課（2015）.「"人育て"から始める観光地域づくり—観光地域づくり人材育成実践ハンドブック2015」〈http://www.mlit.go.jp/common/001140684.pdf（最終閲覧日：2016年7月10日）〉

北川宗忠（2001）.「地域観光事業の展開」北川宗忠［編著］『観光事業論』ミネルヴァ書房，pp.11-34.

小濱　哲（1995）.「観光と地域社会」前田　勇［編著］『現代観光総論』学文社，pp.85-94.

小林好宏・佐藤郁夫［編著］（2008）．『生活見なおし型観光とブランド形成―北海道＆地域をビジネスにする』北海道開発協会

佐々木一成（2008）．「観光振興に寄与する人材の育成」『観光振興と魅力あるまちづくり―地域ツーリズムの展望』学芸出版社，pp.225–231.

JTB（2015）．「JTB地域交流プロジェクト」〈http://www.jtb.co.jp/chiikikoryu/about/matitukuri.asp（最終閲覧日：2016年7月10日）〉（現在は「JTB地域交流事業」〈http://www.jtb.co.jp/chiikikoryu/（最終閲覧日：2019年2月25日）〉に名称変更されている。）

敷田麻実（2009）．「ブランディングを欠いた観光まちづくりの問題点」敷田麻実・内田純一・森重昌之［編著］『観光の地域ブランディング―交流によるまちづくりのしくみ』学芸出版社，pp.10–21.

敷田麻実・内田純一・森重昌之［編著］（2009）．『観光の地域ブランディング―交流によるまちづくりのしくみ』学芸出版社

十代田朗［編著］（2010）．『観光まちづくりのマーケティング』学芸出版社

高橋一夫（2013）．「観光まちづくりにおける人材育成のスタンダード化」前田武彦［編］『観光教育とは何か―観光教育のスタンダード化』アビッツ，pp.152–186.

内閣官房まち・ひと・しごと創生本部事務局（2015）．「「日本版DMO」形成・確立に係る手引き 第1版」国土交通省観光庁〈http://www.mlit.go.jp/common/001110627.pdf（最終閲覧日：2016年7月10日）〉

西村幸夫（2002）．「まちの個性を活かした観光まちづくり」観光まちづくり研究会［編］『新たな観光まちづくりの挑戦』ぎょうせい，pp.16–32.

西村幸夫［編著］（2009）．『観光まちづくり―まち自慢からはじまる地域マネジメント』学芸出版社

日本観光振興協会（n.d.）．「季刊「観光とまちづくり」のご案内」〈https://www.nihon-kankou.or.jp/home/jigyou/public/other/（最終閲覧日：2019年2月16日）〉

早崎正城（1994）．「地域観光」足羽洋保［編著］『新・観光学概論』ミネルヴァ書房，pp.68–89.

原田弘之（2008）．「着地型観光で期待される住民の役割」尾家建生・金井万造［編著］『これでわかる！ 着地型観光―地域が主役のツーリズム』学芸出版社，pp.86–102.

韓　準祐（2014）．「観光まちづくり現場の民族誌的考察の試み―大分県由布院と滋賀県針江の事例を通して」『立教観光学研究紀要』16, 53–64.

藤崎慎一（2002）．「観光まちづくりは人づくりから」観光まちづくり研究会［編］『新たな観光まちづくりの挑戦』ぎょうせい，pp.58–77.

堀野正人（2004）．「地域と観光のまなざし―「まちづくり観光」論に欠ける視点」遠藤英樹・堀野正人［編著］『「観光のまなざし」の転回―越境する観光学』春風社，pp.113–129

堀野正人（2006）．「まちづくりと観光」安村克己・遠藤英樹・寺岡伸悟［編著］『観光社会文化論講義』くんぷる，pp.143–152.

堀野正人（2014）．「観光まちづくり」大橋昭一・橋本和也・遠藤英樹・神田孝治［編著］『観光学ガイドブック―新しい知的領野への旅立ち』ナカニシヤ出版，pp.168–173.

麦屋弥生（2009）.「持続可能な観光まちづくりの担い手たち」西村幸夫［編著］『観光まちづくり―まち自慢からはじまる地域マネジメント』学芸出版社，pp.227-241.

安村克己（2006）.『観光まちづくりの力学―観光と地域の社会学的研究』学文社

吉田春生（2006）.『観光と地域社会』ミネルヴァ書房

四本幸夫（2014）.「観光まちづくり研究に対する権力概念を中心とした社会学的批判」『観光学評論』2(1), 67-82.

03 県観光政策の財政問題
観光人材育成の可能性

金武　創

1 県観光政策と地域創生戦略

● 1-1　国が策定を義務づけた地域創生総合戦略

　第二次安倍政権の地方創生政策は都道府県の観光政策（以下，県観光政策）に大きなインパクトを与えた。2015年度にすべての地方公共団体が5カ年計画である「地域創生総合戦略」を策定したが，このことが都道府県の2016年度当初予算編成に大きな影響を与えた。そのプラス面とは，観光部局とそれ以外（たとえば農政部局や環境部局，教育委員会，知事部局など）の部局の観光関連事業が一つの予算書に明示された結果，県観光政策の全体像が初めて把握できたことである。

　着地型観光の時代においては，日本の観光政策は都道府県が重要な役割を担うべきである。特に観光人材育成については，社会的起業家とまちづくり志向のボランティアの重要性が認識されていないのではないか。本章は人材育成も含めた県観光政策について，時間軸に沿って行財政システムの視点から論ずる。長期的な県観光政策については各県の観光条例を取り上げ，短期的な県観光政策については2016年度当初予算を通して検討する。そして，3-5年程度の中期的な県観光政策として，県観光計画に注目する[1]。

● 1-2　地域公共財を供給する県観光政策

　つづいて財政学の視点から県観光政策の優位性を検討する。日本の中央政府と

---

1) 3-5年程度の観光計画については，県によって観光戦略，観光指針，基本方針，振興計画，推進計画と名称はまちまちである。本章では県観光計画に統一して使用する。

地方公共団体との政府間財政関係は，権限は中央政府に集まり実際の業務の多くは各地の地方公共団体が担うという意味から，一般的に中央集権的な分散システムといわれている（神野・小西 2014：41）。しかし学校教育や社会保障，社会資本整備といったほかの政策分野と日本の観光政策を比較すると，中央から地方への財政移転も大きくなく，中央からの規制もそれほど厳しくないことがわかる。したがって，相対的に日本の観光政策は地方分権的な分散システムであるといえる。

　別のいい方をすれば，観光庁の活動を地方自治体が補完する集権的な観光政策よりも，地方公共団体の観光政策を国が補完する分権的な観光政策にすべきと考えられる。そこで，神野と小西（2014）を踏まえて，日本の観光政策を相対的に地方分権的な分散システムと位置づけたうえで，地域公共財の視点から県観光政策の二つの優位な側面を検討する。

　第一に，都道府県は県民の価値観や生活条件に適した地域公共財を提供できる。都道府県と比べて，観光庁は地元住民の価値観や生活条件に適した地域公共財を提供できない可能性が残る。たとえば，歴史的に宿場町や港町，門前町であった市町村とそうでない場所，住民感情の東西／南北格差，流域ごとに異なる風土の違いは無視できない要素といえる。同一県内であっても，各市町村の面積や交通条件の格差，農林水産業の特色，観光資源の状況はまちまちであって，県単位で各地域への細やかな対応が求められる。したがって，観光政策，特に観光人材研修やまちづくり活動への支援のあり方について国が一律にトップダウンで地方に押しつけることは望ましくない。

　第二に都道府県が地域公共財の生産における実験と革新を実現できること，また地域公共財をコストの自覚と結びつけて提供できることが挙げられる。たとえば，オセアニアや東南アジアからの訪日冬季リゾート（北海道），アニメの聖地巡礼（埼玉県），国際的な環境芸術イベント（新潟県や香川県），韓国人を中心とした国際温泉観光（大分県），観光資源としてのライフスタイルに着目した信州暮らしの観光立県（長野県）など，各県の先進的な取り組みが他県に波及した事例も少なくない。

　このようなコスト意識をもちつつ実験的で先進的な県観光政策から国（観光庁）がそのノウハウを積極的に学ぶケースもしばしばみられる。さらにバブル経済期の大型リゾート開発への反省だけでなく，行政評価や PDCA サイクルの導入などから，多額の税金を投下しない手法の模索も各県の観光政策は継続している。ただし，出入国管理や為替レート変動への対応，防災情報の多言語提供といった全国に共通の公共サービスは中央政府が担うべきである。しかし，地域固有の文化資源を活用し

た着地型観光を担う主体といえば，都道府県が最も望ましい。

● 1-3　観光政策における政府間財政関係：国家予算からみた観光政策

　国家財政は国民の意志に基づくだけでよいが，都道府県や市町村といった地方財政は地域住民の意思だけで決定できない。なぜなら，そこには上位にある中央政府の意思が何らかの形で介在するからである。一般に，地方公共団体においては中央政府との政府間財政関係がたいへん重要な意味をもつが，観光政策ではどうなのだろうか。観光政策における都道府県と中央政府との政府間財政関係をみておこう。

　はじめに観光庁「2015 年度都道府県観光予算一覧」によれば，2015 年度都道府県観光予算合計は約 429 億円に達しているが，これは交付金などを除いた独自財源分である²⁾。この金額以外に地方交付税分からどの程度都道府県の観光政策に回されたかは定かではない。一方，観光庁の 2015 年度当初予算は 103.9 億円であり，都道府県予算合計のほぼ 4 分の 1 の規模であることがわかる³⁾。

　一方，観光庁以外の省庁も含めた政府全体の観光関連予算（2015 年度）は 3003.5 億円であった。観光庁予算（2015 年度 103.6 億円）と比べて，政府全体の観光関連予算は非常に大きな予算額であった⁴⁾。ただしその内訳をみると，整備新幹線や空港・都市鉄道整備も含めた「国際競争力の高い魅力ある観光地の形成等」が 2291.6 億円に対し，「観光旅行の促進のための環境の整備」が 155.9 億円であり，投資的経費が経常経費より大幅に高いことがわかる。逆にいえば，政府全体の観光関連予算からみれば，観光人材育成のような長期的なソフト事業への予算額は相対的に少な

---

2) 観光庁 HP からはすでにこのデータが削除されている。2015 年度分については，トラベルボイス HP 参照〈https://www.travelvoice.jp/20150910-50330（最終閲覧日：2018 年2 月 25 日）〉。なお，日本交通公社『旅行年報 2014』には 2014 年度（合計 407 億円）と2013 年度（合計 374 億円）の都道府県観光予算一覧が掲載されているので参考にしてほしい〈https://www.jtb.or.jp/wp-content/uploads/2014/10/nenpo2014p149-153.pdf（最終閲覧日：2018 年 2 月 25 日）〉。

3) 観光庁（2015）「平成 27 年度観光庁関係予算概要」参照〈http://www.mlit.go.jp/common/001067306.pdf（最終閲覧日：2018 年 2 月 25 日）〉。なお，観光庁（2014）「平成 26 年度観光庁関係予算概要」によれば，2014 年度当初予算は 103.6 億円，2013 年度は 102.3 億円に達しており，いずれも 4 分の 1 程度といえる〈http://www.mlit.go.jp/common/001024904.pdf（最終閲覧日：2018 年 2 月 25 日）〉。

4) 観光庁を除いた政府全体の観光関連予算（2015 年度）については，観光庁（2016）「平成 28 年度観光庁関係予算概要」参照〈http://www.mlit.go.jp/common/001116648.pdf（最終閲覧日：2018 年 2 月 25 日）〉。

03 県観光政策の財政問題　*55*

い金額と考えられる。

　次節からは観光人材育成の可能性を念頭において，地方分権的で分散的な県観光政策について，観光条例，観光計画と当初予算編成の順に検討していきたい。

2 観光インフラストラクチャーの一翼を担う県観光条例

● 2-1　整備されつつある県観光条例

　後藤（2014）によれば，各県の観光条例は公共部門と民間部門（県内企業と県民）の役割分担，あるいは県と市町村の責任分担，さらには県行政が達成すべきポイントを明記し，中期的な観光計画の策定を義務づけている。

　2017 年 8 月現在，県観光政策のソフト面の基盤といえる観光条例は 47 都道府県のうち 31 道県で制定済みである。そのうち，国の観光立国推進基本法（2007 年 1 月施行）以前に県独自に施行した観光条例は，沖縄県（1980 年），北海道（2001 年），高知県（2004 年），長崎県（2006 年），広島県（2007 年）の五つにすぎず，残り 26 県の観光条例は，国の基本法の存在を前提として制定された。観光条例を県議会が制定する意義は，首長や担当者が交代しても政策の継続性が担保され，長期的な取り組みが安定的に推進される点である。

● 2-2　観光マーケティングと観光条例：他県との広域連携と顧客としての県民

　観光マーケティングの視点から県観光条例をみると，二つの問題点が挙げられる。油川と小野寺（2014：190）も指摘するように，県観光条例は当該自治体の枠組みに固執しがちで，それを超える行政区域にも視野を広げる必要がある。実際，半数の 16 県観光条例が他県との広域連携あるいは県境で隣接する市町村同士の連携に言及していない点は問題である[5]。いずれにしても，県境とは無関係に観光地を周遊する観光客の動向が観光条例に反映されていないのは，観光マーケティングの視点に欠けると考えられる。ちなみに観光立国推進基本法は国および地方公共団体の協力（第 26 条）を条項の一つとしている。さらに観光圏整備法（2008 年）は複数県をまたがった地域間の連携を提唱していることから，県条例の足りない部分を国が補完していることがうかがえる。

---

5) 近年はその傾向にも変化がうかがえる。2010 年以降に施行した県観光条例に限定すれば 12 県は他県との広域連携にふれており，明記していないのは 3 県にすぎない。

第二の問題点は，県観光条例から与えられた県民の責務が「県外観光客に対する
おもてなし精神の奨励」「観光振興策の担い手」に限定され，ある種のパターナリズ
ムに陥っているのではないかと考えられる点である。観光に対する県民意識の高ま
りは悪いことではないが，条例には県内各地を地元住民が日帰り旅行する顧客とし
ての県民という視点が抜け落ちている。多くの県観光条例は県外観光客（訪日外国
人観光客含む）を重視しているが，地元県民による半日程度の日帰り旅行を観光条
例の対象から外すのは観光マーケティングの視点からみると疑問である。こうした
顧客としての県民という位置づけがないことは，観光人材育成の議論に最も欠けて
いる構造的な問題であり，県民による観光消費が他県へ流出することに結びつくだ
ろう。こうした県観光条例が抱える構造的な問題は，結果的に多くの道府県が目指
す観光の基幹産業化を阻害しているとも考えられる。

● 2-3　地域経済活性化と県観光条例

観光立国推進基本法紹介 HP[6] では「観光は，我が国の力強い経済を取り戻すた
めの極めて重要な成長分野です」と述べられており，多くの県観光条例がこの基本
法の精神を踏まえて制定されている。各県のおかれている実情にあわせて，県観光
条例の前文は多種多様であるが，いずれの場合も地域経済の活性化を念頭において
いることはいうまでもない。ほとんどの県観光条例は商工業振興あるいは商工労働
分野の条例の一つと体系化されている。観光事業者への支援を中心とした地域商業
振興の流れを汲む条例であり，製造業や農林水産業への波及効果も期待できる。各
県の条例を読むと，観光関連サービス産業の成長と（雇用問題も含めた）県内事業
所の経営支援という基本方向がうかがえる。

観光庁観光産業課（2017）における自治体アンケート調査（都道府県回答 37 件，
未回答 10 件）から，観光条例に都道府県が期待する基本方向が推察できる。観光
産業の位置づけについては，32 県が「（観光産業を）基幹産業として伸ばしていき
たい」，5 県が「基幹産業と考えていない」と答えており，県内雇用や地域経済の
将来性の視点から観光政策を重視していることがわかる。しかし県内常住者に対す
る観光業従事者の比率については，27 県が「把握していない」で最も多く，5 県が
「10％-20％未満」，4 県が「10％未満」と続いている。同様に県内総生産に占める観
光業の比率については，28 県が「把握していない」で最も多く，5 県が「10％-20％

---

6) http://www.mlit.go.jp/kankocho/kankorikkoku/index.html（最終閲覧日：2019 年 4 月 8 日）

未満」となっている。観光条例を制定し観光の基幹産業化を目指しているのに，検討局が県内観光産業の実態を把握していない現状は問題といえる。

● 2-4　観光人材育成と観光インフラストラクチャーの構築

県観光条例における人材育成について検討する前に，観光立国推進基本法（第16条）の人材育成の条項をみておこう。その基本方向は，(a) 観光地および観光産業の国際競争力の強化に資する高等教育の充実，(b) 観光事業従事者の知識および能力の向上，(c)（県民全体に対する）地域の固有の文化，歴史などに関する知識の普及の促進と整理できる。(a)(b) は地域経済活性化に結びつく人材の育成であり，高等教育と職業訓練（英会話講座やマナー研修）を示唆している。(c) は地元学や郷土史の生涯学習支援に結びつく。

県観光条例における観光人材育成については，3県が推進すべき観光政策の一つとして観光人材育成を明記し，13県が人材育成に関する条項を設けていた。この13県の観光条例のうち，千葉県，神奈川県，群馬県，山口県，熊本県の5県については，観光振興に寄与する人材育成事業を実施する大学との提携を明記している。また，ボランティア育成については，鹿児島県が「観光事業者と観光に関する活動に携わるボランティア」と育成すべき人材像を明記しているのに対し，鳥取県は「観光客に対し地域の観光資源に関し適切に説明し，及び案内するボランティアの育成に努める」と観光ガイドボランティアに言及している。しかし，実際に推進されている教育機関との連携や単発の講習会にとどまらず，それらを含めた県内のネットワーク構築やシステムづくりが必要ではないだろうか。

一般にインフラストラクチャーは生産と消費に関する物的な共通基盤（大規模な公共施設など）を指していたが，池上（1990：54-56）はこうしたハードとともに法システムや情報システム，金融システム，土地・環境システム，文化システム，社会システムなどのソフトなシステムもインフラストラクチャーの一部であると主張する。観光人材育成の視点でみれば，公共部門は経済システムの発展を自己実現と関連づけるために，健康と言語能力の開発，知識の習得などを支援する福祉・教育・研究・医療などの諸制度である社会システムの整備を担うべきといえる。実際に大規模な施設はこうしたシステムのうえで運用されており，単なるモノだけではなくシステムも含めてインフラストラクチャーとみなすことができる。その意味では各県の観光条例は法システムとしての不可欠な要素といえる。観光人材育成に着手するためには，まずは条例の制定が求められる。

3 中期的な取り組みとしての観光計画

● 3-1 条例と予算を結びつける観光計画

県観光条例が観光人材育成も含めた長期的な観光振興を支えるソフトな基盤であるのに対し，条例に基づいて中期的視点から観光政策を推進するのが県観光計画である。加えて県観光計画は短期的な観光政策である予算とも密接な関係をもっている。なぜなら，県観光計画は毎年の観光関連予算の根拠となるばかりでなく，計画に明示された数値目標を評価する作業を通して結果的に決算作業も補うからである。その意味では，県観光計画は長期的な観光条例と短期的な観光予算を結びつける役割を果たしている。

2017年8月現在，県観光計画は全国39都道府県で策定されているが，その約7割に相当する28県は観光条例に基づいた観光計画を策定している。油川と小野寺（2014：185）によれば，観光計画は法定計画ではないのですべての地方公共団体が定める義務はない。あるいは計画を策定したからといって国から支援があるわけではないが，県観光計画は交通条件と密接な関係がある国の社会資本重点整備計画や国土形成計画を踏まえた内容となっている。そして，観光条例に基づいた具体的方策を明記する一方で，県観光計画は総合計画の下位計画としてほかの政策分野との整合性も有している。

また，11都府県は観光条例がなく観光計画のみ策定している。総合計画のみに依拠するこれらの条例なき観光計画はその継続性や安定性に問題が残る。なぜなら（a）属人的な施策展開がなされた場合には担当者の人事異動や知事交代に伴う方針変更が誘発される，（b）首長交代に伴う総合計画の中途見直しが避けられず，長期的な見通しがたたない，（c）法的な後ろだてがないままに毎年の観光予算獲得（＝プロジェクトの実現）は難しく，条例に裏づけられた計画と比べると中期計画の未来性と行動の提案力が弱体化してしまう，といったマイナス面が予想できるからである。

● 3-2 観光計画なき県観光政策

多くの県では観光条例で明記された項目に従って中期的な観光計画が立案されるが，現時点で観光条例があるのに観光計画がないのは島根県と高知県の2県にすぎない。これら2県は，観光条例で中期的な計画立案を義務づけておらず，条例制定と同時に中期計画がたてられたが，計画期間を失効しても新計画が策定されず放置されている。また和歌山県も同列といえるが，その理由は観光関連予算と連動する

03　県観光政策の財政問題　　59

形で毎年の観光計画を公表している一方で，中期的な計画は策定していないからである。

　ちなみに現時点で観光条例も観光計画も存在しないのは，秋田県，福島県，京都府，奈良県，香川県と5府県のみであり，総合計画のわずかな記述が観光政策の基本方向となる。単年度予算のみで観光政策を推進しているということは，他県と比較して中長期的な視点に欠けるといえよう。中長期的な見通しがないまま，広告代理店などに依存した集客イベント開催やインターネット向け広告動画配信を実施しても県知事の人気取りや世論への迎合と受け止められかねない。少なくとも短期的視点しかもたない観光政策では県レベルでの観光人材育成は難しいと思われる。

● 3-3　県観光計画における企業人材の位置づけ

　地方創生会議の議論で盛んに指摘されたのは若者の東京一極集中であった。特に大学進学や就職の機会に多くの若者が東京に流出する傾向は顕著である。まち・ひと・しごと創生本部（2016）によれば，実際に地域への就職を希望する学卒・院卒者は4人に1人にすぎず，その多くが地方公務員か金融機関への就職を希望している。また，地域に就業した若者の4割前後が2年以内に離職してしまう。

　このことを踏まえると，若者にとって魅力ある仕事を東京以外で生み出す必要があるだろう。その意味で観光産業は地域に密着した魅力的な雇用の場の一つといえよう。そこで，雇用環境において東京の影響を受けやすい東日本22道県（中部圏9県以東の東京都を除いた各道県）の観光計画における観光人材の位置づけについて2015年度時点の各県計画を調査した。具体的には，県観光計画の人材育成の項目において（a）企業人材，（b）ボランティア，（c）若者（高校大学）への言及がなされているかどうかを確認した。その結果，表3-1の通り，3分野ともまったく言及がなかったのは岐阜県のみであり，大半の県観光計画は企業人材とボランティアガイドを中心に観光人材の育成に言及していた。

　企業人材については，19県が何らかの形で言及している。宿泊施設，観光施設，タクシー運転手の従業員研修あるいは経営リーダー研修やセミナー開催が大半であるが，大学と提携した企業人材研修（栃木県）も見受けられた。県観光条例が地域経済活性化を目指していることに鑑みれば，これらは経営者あるいは従業員を対象とした中小企業向け研修と考えられる。たとえば，山梨県条例（第9条の2）は「観光に関する事業に従事する者等に対し，接遇の向上を図るための研修等の機会を提供すること」と記しており，実際に県観光計画も人材育成について言及してい

表 3-1　県観光計画における人材育成（東日本）(出典：各県 HP 参照)

	企業人材	ボランティア人材	若者人材
北海道	○	○	×
青森県	○	○	×
岩手県	○	○	×
宮城県	×	×	○
秋田県	＊	＊	＊
山形県	○	×	○
福島県	＊	＊	＊
茨城県	○	○	×
栃木県	○	○	○
群馬県	×	○	×
埼玉県	○	○	○
千葉県	○	○	×
東京都	＊	＊	＊
神奈川県	○	×	○
新潟県	○	○	○
富山県	○	○	○
石川県	○	○	○
福井県	○	○	○
山梨県	○	○	○
長野県	○	×	×
岐阜県	×	×	×
静岡県	○	○	○
愛知県	○	○	○
三重県	○	○	○
滋賀県	○	○	×

注）2015 年度時点の計画により作成した。秋田県と福島県は観光計画がない。調
査の趣旨から東京の記述も外した。

る。しかしながら，こうした講座や人材研修の必要性は否定しないが，県当局が観
光産業の基幹産業化を目指すのであれば，地域文化資源に即した観光マーケティン
グ講座やモニターツアー企画立案とその実施を含めた研修事業など，商品開発や起
業を担う人材育成事業を継続的に推進すべきである。

● 3-4 県観光計画におけるボランティア人材の位置づけ

続いてボランティア人材については，13県が観光ボランティアガイドの育成を挙げており，県内ボランティアガイド交流会や郷土史勉強会などに取り組んでいるという。しかし，これらの県観光計画はボランティアガイドについて郷土史を学んだ地元住民の学習成果を活かす機会と認識していないだろうか。これが安価でアマチュアの観光ガイドを担うボランティア活動という認識であっては，長期的な観光まちづくり活動には発展しない。たとえば，グローバルな問題意識をもって着地型観光の新たな担い手を目指すのであれば，3年間の研修期間を設けている被爆体験継承プログラム（広島市）のような高い専門性と目的意識を有したボランティアガイド養成を図るべきと考えられる。

あるいは交流人口を増加させる観光まちづくりの視点を導入するのであれば，1995年から始まった三内丸山応援隊（青森県）のようにマーケティング志向をもって新たな観光市場を創出する姿勢が求められる。三内丸山応援隊では，県内各地から集まったボランティアの人々がこれまでに無料ガイドを240万人に提供し，体験学習指導を20万人に実施してきた。毎年100人前後のボランティアがガイド登録し，三内丸山遺跡に毎日10名前後が交代で常駐し，顧客志向の高い観光ガイドボランティアを実践する。もちろん，ガイドの水準の高さを維持するための研修や創意工夫もおこない，顧客のリピーター率も高い。さらに北海道・北東北の縄文遺跡群の世界文化遺産登録運動への積極的な関わりやJR東日本豪華寝台列車「トランスイート四季島」との連携も実現している。

最後に若者（高校，大学）については13県が何らかの説明をしていたが，「ふるさと・郷土教育の充実」「外国語教育の充実」といった高校教育と大学における「寄附講座の開設」「インターンシップの実施」「地元大学と県庁組織との連携」などが挙げられていた。

● 3-5 県観光政策における条例―計画―予算

前項までの検討を通して，東日本各県における観光計画の人材育成事業については，観光事業者（経営者あるいは従業員）の研修やボランティアガイド交流会を中心に取り組まれていることを明らかにした。そして都道府県全体の半数以上を占める28県は条例―計画―予算という三層構造で推進しており，長期的にも短期的にも安定した観光政策を推進できていることがわかった。一方で，条例も計画もない五つの府県は中長期的な視点に欠ける観光政策であることから，長期的な観光人材

育成は難しいかと思われる。

ただし，県観光政策における条例―計画―予算という三層構造はセクショナリズムの問題を抱えていることも指摘しておきたい。議会で制定された観光条例はともかくとして，多くの場合，事業別あるいは部課別に推進・策定された観光計画であり，予算編成作業の一環である。観光計画の人材育成事業についても，企業人材であれば雇用・職業訓練を担当する部局との関係を調整する必要がある。ボランティア人材のうち郷土史学習であれば生涯学習課，ボランティア研修といえば社会福祉協議会や協働参画推進課などとの事業の重複や調整が想定される。中期的な観光計画において類似の事業を推進する他部課と事前調整をしているかどうかは不明である。

最後に計画と予算との関係からこの縦割り行政の問題を考えてみたい。西尾（1990：196）によれば，政府計画は予算の裏づけなしでは単なる絵に描いた餅にすぎない。そして，政府計画の共通要素は（a）未来性，（b）行動の提案，（c）行動系列の連関性の3点である。実のところ，県観光計画は基本的に観光振興部課の計画書であり，観光関連予算も同様といえる。他部局との二重行政という意味では，（c）行動系列の連関性についてさらに検討を重ねるべきであろう。そこで次節では地方創生総合戦略を反映した2016年度当初予算に注目して縦割り行政の弊害を排した予算編成について検討する。各都道府県が5カ年の地域創生総合計画に沿って当初予算を編成した結果，すべての部局の観光関連予算を網羅できた意義は大きい。

4 2016年度当初予算編成で示された県観光政策

多くの地方財政は自主財源が歳入の約3割程度であって，残りは地方債と国からの依存財源で賄っている。こうしたきびしい財政状況のなかで県観光政策が推進され，そのうち短期的な取り組みを反映しているのが当初予算編成である。ここでは2016年2月に公表された46都道府県の2016年度当初予算編成を概観する[6]。予算に注目した理由は，（a）臨時的な経費ではなく，当初予算が年度初めの必要最小限の経費予算であること，（b）行政組織内調整（財政当局，観光部局も含む），さ

---

6) 観光政策を最も重視する沖縄県を除外せざるをえない理由は，（a）本章4-1で検討する朝日新聞沖縄県版に当初予算編成に関する記事が掲載されていないこと，（b）沖縄県はさまざまな理由から政府間関係がほかの都道府県と異なる条件にあるためである。

らには知事査定を踏まえた拘束力ある見積書であること，(c) 毎年2月下旬にすべての都道府県の当初予算が公表され比較可能であることの3点である。

本章で特に2016年度に注目した理由は，地方が成長する活力を取り戻し，人口減少を克服するという地方創生の枠組みに従った最初の予算編成だからである。2015年度にすべての地方公共団体が地方創生総合戦略を策定し，2016年度は自前の地方創生総合戦略を踏まえた予算編成が可能となった。そこで (a) 予算編成内容が県民に広く認知され，観光ボランティア育成に結びつく世論形成が進んでいるかどうか，(b) セクショナリズムを超えて，観光部局以外の観光関連事業が県観光政策に含まれて明示されているかどうか，(c) 県観光政策が当初予算の重点事業として位置づけられているかどうかを検討する。

● **4-1　世論形成から観光ボランティアへ：朝日新聞報道における位置づけ**

法的基盤となる観光条例を制定し，中期的な観光計画に基づいて，毎年の県観光予算が編成されているわけだが，行政から発信された当初予算編成における県観光政策の重要性が県民に周知されているのかを推察するために，46都道府県の2016年度県当初予算を『朝日新聞』(各県版) がどのように記事にまとめたかを新聞データベースを活用して調べてみた。記事の基本的内容は各県の歳出歳入と累積債務問題 (主要事業名，重点ポイントなど) の説明であったが，その点には今回は特にふれない。

観光予算は歳出の1％前後を占めるにすぎないが，全体の3分の2に相当する31都道府県の予算記事が新たな観光関連プロジェクトを紹介している。たとえば，京都府予算では，新たな地域振興事業として「もう一つの京都」事業 (観光以外の事業も含めて合計で50億円) が挙げられている。また長崎県予算においても，富裕層を対象とした旅行商品を開発する「観光ステップアップ事業」(1.18億円)，長崎新幹線開通を見据えて関西圏に長崎をPRする「関西・長崎の魅力総合発信事業」(0.53億円) などが記事として紹介されている。そのうえで，記事の多くは観光がもたらす地域経済効果を大きく取り上げる。

記事で紹介された観光関連事業は地域の課題を解決し前向きな未来を感じさせるプロジェクトとして位置づけられている。それが新年度予算の県主要プロジェクトの一つとして紹介されることによって，県観光政策の認知度が高まり，着地型観光を通した地域経済活性化が大いに期待できるという世論が形成される。県内観光事業者は投資促進や雇用者増加，新たな旅行商品企画の提案などを働きかけるかもし

表 3-2　県観光政策の当初予算編成における位置づけと新聞記事掲載
(出典：各県 HP，朝日新聞 DB より独自に作成)

	県観光予算の位置づけ			地域創生総合戦略の反映	朝日新聞掲載の有無
	地域経済・雇用	その他（県固有テーマ）	交流／人口		
北海道	○		—	○	○
青森県	○		—	○	○
岩手県	—	震災復興	—	○	○
宮城県	—	震災復興	—	○	○
秋田県	○		—	○	○
山形県	○		—	○	○
福島県	—		○	○	○
茨城県	—		○	×	×
栃木県	○		—	○	×
群馬県	○		—	×	○
埼玉県	○		—	×	○
千葉県	○		—	×	○
東京都	○		—	×	○
神奈川県	○		—	×	○
新潟県	—		○	○	×
富山県	—		○	○	○
石川県	—	北陸新幹線	—	○	○
福井県	○		—	○	×
山梨県	○		—	○	×
長野県	○		—	○	○
岐阜県	○		—	○	○
静岡県	—	「富士の国」郷土の誇り	—	○	○
愛知県	—	プロジェクト並列	—	○	○
三重県	—		○	○	○
滋賀県	—		○	○	×
京都府	○			○	○
大阪府	—	国際エンターテイメント都市 "osaka" の実現	—	×	○
兵庫県	○		—	×	×
奈良県	○		—	○	○
和歌山県	—	プロジェクト並列	—	×	○

03 県観光政策の財政問題 **65**

表3-2 県観光政策の当初予算編成における位置づけと新聞記事掲載（つづき）

	県観光予算の位置づけ			地域創生総合戦略の反映	朝日新聞掲載の有無
	地域経済・雇用	その他（県固有テーマ）	交流／人口		
鳥取県	—	プロジェクト並列	—	×	×
島根県	○		—	○	○
岡山県	○		—	○	○
広島県	○		—	○	○
山口県	○		—	×	○
徳島県	—	大胆素敵徳島	—	○	×
香川県	○		—	×	○
愛媛県	○		—	×	×
高知県	○		—	×	×
福岡県	○		—	×	×
佐賀県	—	プロジェクト並列	—	×	×
長崎県	—		○	×	○
熊本県	—	知事選のため骨格予算	—	×	×
大分県	○		—	○	○
宮崎県	○		—	×	○
鹿児島県	○		—	×	○
沖縄県	—	プロジェクト並列	—	×	注1)

注1) 沖縄県当初予算編成記事は朝日新聞に掲載されていない。
注2)「プロジェクト並列」とは，当初予算関連資料において，部課別あるいは事業／プロジェクトベースの予算額のみ公開され，政策課題別表記がないので判断できない場合を指している。

れない。そして，県内観光ボランティアガイドの社会的地位も間接的に上昇し，研修会や講習会に自発的に参加する県民が増えることが期待される。

● 4-2 当初予算と地域創生総合戦略との関係

当初予算と地域創生総合戦略との関係をみると，26府県の当初予算説明は地域創生総合戦略の枠組みに基づいて，従来の予算編成に加えてそれと別の予算もまとめている。これまでの事業別あるいは部課別予算書だけでは県の観光政策の全体像が十分把握できないので，この再編集作業の意義は大きい。しかし表3-2をみると，関東，四国，九州地方では地域創生相互戦略と当初予算編成を結びつけて情報提供していない都県が多く，担当部局を越えた（たとえば農業予算や文教予算における

観光関連事業）観光関連予算の把握が十分でないことがうかがえる。

　行政計画における総合性と集中性を論じた西尾（1990：206–207）を参考にすれば，中央政府からの通知で知事企画部局が策定した各都道府県の地域創生総合戦略は「企画部門が基本方針を指示し，担当部門がこれにもとづいて原案を作成し，これらを積み上げて調整する」手法を通して，（観光政策も含めて）知事部局への集中性を相対的に高めたと考えられる。予算書類上だけかもしれないが，県観光政策が部局別だけでなく重点プロジェクト別や県が直面する重要課題別に再編集されたことは高く評価できる。この取り組みによって，観光部局とそれ以外の部局との間にできた行動の相互連関が予算編成プロセスに組み込まれたと考えられる。

　たとえば，エコツーリズム（環境保護），グリーンツーリズム（農村振興），医療ツーリズム，産業観光（工業振興），文化観光（文化財保護）といった県内のニューツーリズム支援方策について，それぞれ他部局の事業であるという理由から観光部局が把握することは従来の仕方では困難かもしれない。ところが地域の雇用と人材育成を重視する地域創生総合戦略に従って，25府県では他部局の観光系予算も含めて一つの表にまとめて可視化し，真の意味での県観光予算の全体像を示すことができた。縦割り行政を排除する地域創生総合戦略に基づいた予算編成が今後も継続すれば，県観光政策はもとより，観光人材育成にも十分寄与するのではないだろうか。

● 4-3　当初予算における県観光政策の位置づけ

　学校教育，社会保障，公共事業といった主要分野に多額の経費がかかる3割自治の状態でありながら，県観光政策を推進する理由は何だろうか。マクロ的な視点から把握するために，46都道府県の当初予算説明文書を各県 HP で調べたところ，観光政策は主要な政策分野の一つとして明確に位置づけられていた。前述した主要歳出分野と比べれば，各県観光関連予算は歳出全体の1%未満にすぎないが，どの県予算書でも重点ポイントとして必ず言及されている。

　次に県観光予算の基本方向について，各県当初予算の説明文書（あるいはプレゼン資料）を詳しく分析してみると，表3-2の通り，全体の半数以上にあたる28都府県で「地域経済・雇用」の視点から言及していることがわかる。観光条例と同様，観光予算が県商工部局の予算費目に含まれることからも，地域経済の活性化や雇用機会の増加を目指していることがうかがえる。そして7県は地域経済の活性化の視点を織り込みながらも，「交流人口増加／人口減少対策」をより重視していた点も見逃せないポイントである。この場合は単に地域経済の活性化にとどまらず，交流人

口を増加させる試みを通して，若者のＵターン就職を促し大都市からの移住者を増加させるきっかけとして観光政策を位置づけているといえる。なお，政策に序列をつけないで事業別あるいは部課別に横並びで予算額を明らかにするだけの県が五つあり，財政情報の積極的公開という点では問題が残る[7]。

5 県観光政策の人材育成の可能性

● 5-1 地域プライドを醸成する地方公共団体としての都道府県

　観光人材育成に関して県観光政策の優位性はどこに見出せるのだろうか。これに関して以下の３点を指摘しておきたい。第一の優位性は，全国町村会（2012：10-12）が主張する通り，都道府県は単なる行政区域ではなく，120年以上続く地方自治団体であり，地元住民に帰属意識やふるさと意識を共有する単位として機能している点である。ホスト側である地元県民の誇りや共同体意識を考えるとき，着地型観光を推進する公共団体の大きさは国単位よりも県単位が望ましい。たとえば，冨山（2014）はローカル経済圏の人手不足に関して，「相当の賃金」「安定した雇用形態」とともに「やりがいやプライドを持って」働ける仕事がないので，大都市圏に若者が流出してしまうと説明する。賃金や雇用形態はともかく，観光人材としての若者のやりがいやプライドについては，都道府県にしかできない取り組みがあるのではないかと思われる。

　加えて地域に根ざした観光人材育成の背後には，常連客あるいは愛好家として地元に誇りをもっている県民の存在が不可欠といえる。第２節で県観光条例の県民に対するパターナリズムを批判したが，県民は地元のよさを理解し消費する最良の顧客であって，来訪者のよき同伴者でもある。県民の一部が常連客として日帰り旅行で県内観光地を訪問することを条例や計画でもっと奨励してもいいのではないか。さらに県民が地元産品の愛好家となれば，観光消費に寄与する県民の層に厚みができ，その一部が観光客に土産物として人気を得る可能性がある。地域を担う観光人材はこうした土壌から育っていくのではないかと思われる。

---

7) 情報公開のレベルから，各都道府県の財政民主主義の程度が推察できるのではないか。こうした事例は納税者に向けて財政情報を編集できないという縦割り行政の典型例であり，効果的な観光政策が実施されているかどうか疑問が残る。

● 5-2　規模の経済を着地型観光の発展に生かす

　第二の優位性は，都道府県という行政単位がある程度きめ細かい対応が可能であるにもかかわらず一定の規模の経済を有する点であろう。市町村や一つの地元観光協会では経済規模が小さくなってしまう。そうした団体を支援する際，各地の実情は観光庁よりも都道府県の方がよく認識できるに違いない。

　さらにいえば，国内外の観光客に地元観光商品を売り込むためには県単位で売り込む方が効率的だといえる。県単位で国内宣伝を展開する JR グループのディスティネーション・キャンペーンの展開や東京都心に県特産品アンテナショップを設置することはその代表例といえる。特に観光人材関連でいえば，U ターン就職や専門技能をもったシニア世代の移住について，各道府県の地域創生総合戦略が PDCA サイクルや数値目標を盛り込んできめ細かく検討し実践しつつある。

　冨山（2014）は「経営レベルの低さとばらつきの大きさ」「大都市に偏っている経営人材を地域企業に還流・循環する」ことの重要性を指摘しているが，地域経済を支える観光産業の経営人材にも十分当てはまる議論といえる。たとえ経済力の劣る県であっても，ある程度の経済活動をおこなうことのできる公共団体であることには違いないし，県内市町村への経済的な影響力も十分認められる。着地型観光の担い手や地元特産品の土産物開発など，起業家の育成は都道府県の後押しがあるかないかで大きく異なると思われる。

● 5-3　中央集権的な市町村生き残り競争の防波堤として：
　　　　観光人材育成の拠点として

　最後に指摘する県観光政策の優位性として，真の意味での着地型観光を地域社会に根づかせるのは県観光政策の方が適していると考えられるからである。本来であれば，地方公共団体の取り組みを援助すべき観光庁であるが，現時点ではむしろ地方に生存競争を課すものとしての立場が強く，地域に根ざした観光人材の育成を十分支援できていない。

　アベノミクスよる地方再生に批判的な岡田（2014）の論考に従えば，むしろ，国が地元観光協会や市町村に生き残り競争を促し，一握りの成功団体がモデル事業として全国的に高く評価され，次年度以降の補助金を別の中央官庁などからも獲得するという仕組みになっていると考えられる。1％の成功した市町村や地元観光協会はそれでよいが，残り 99％はどうなるのか。特に観光人材の育成事業については長期的な視野と地元ならではの教育カリキュラムが求められる。そうならないために

も県観光政策の果たす役割が期待される。

　着地型観光の時代においては，都道府県が重要な役割を担うべきである。特に観光人材育成については，社会的起業家とまちづくり志向のボランティアが最も足りないのではないか。分権的で分散的な県観光政策の推進を基礎にした観光人材の育成こそ，地元観光協会や市町村の自律的な取り組みを支援するための重要なポイントといえる。

【引用・参考文献】

油川　洋・小野寺初正（2014）．「都道府県の観光振興計画と観光条例制定の現状と課題」『作大論集』4, 179–205.

池上　惇（1990）．『財政学―現代財政システムの総合的解明』岩波書店

岡田知弘（2014）．『「自治体消滅」論を超えて』自治体研究社

観光庁観光産業課（2017）．「産学連携による観光産業の経営人材育成に関する業務報告書別冊―調査データ集」〈http://www.mlit.go.jp/common/001184156.pdf（最終閲覧日：2017年8月20日）〉

後藤健太郎（2014）．「わが国の観光計画に関する研究―戦後以降に策定された都道府県の観光計画を対象として」『観光文化』38(1), 38–41.

神野直彦・小西砂千夫（2014）．『日本の地方財政』有斐閣

全国町村会（2012）．「道州制の何が問題か」〈http://www.zck.or.jp/activities/250410/3.pdf（最終閲覧日：2016年9月18日）〉

冨山和彦（2014）．「第1回まち・ひと・しごと創生会議説明資料」『まち・ひと・しごと創生会議（第1回）議事次第』〈http://www.kantei.go.jp/jp/singi/sousei/meeting/souseikaigi/h26-09-19.html（最終閲覧日：2016年11月28日）〉

西尾　勝（1990）．『行政学の基礎概念』東京大学出版会

まち・ひと・しごと創生本部（2016）．「地域しごと創生会議中間とりまとめ―地域の「創り手」を育むために」〈https://www.kantei.go.jp/jp/singi/sousei/meeting/chiiki_shigoto/chukan-matome.pdf（最終閲覧日：2018年7月31日）〉

第 II 部

観光の実践

04 観光まちづくり人材を人類学的手法で育てる

森　正美

1 問題意識と目的

「観光」は，単一的な学問的手法によってのみ解明できる現象ではない。また「まちづくり」も同様に単一の視点や手法によってのみ実現可能，あるいは研究可能な実践ではない。

本書の基となる共同研究では，そのような多角的視点と能力を有し「観光まちづくり」の現場に資する人材育成をテーマにしているので，自ずとその現場に存在する複数のアクターの特性やアクター間の関係性を考慮した理論化が求められることになる。観光現象を扱う研究では，地域社会の変容を扱うものはすでに数多くあるが，今後は地域単位でその個別特性を反映した人材像をモデル化（理論化）し，どのような「地域まちづくり人材」が求められているのか，という点についての議論を深めていく必要があると考えられる。その意味では，本章で扱う「宇治」や「京都」という地域に根ざした人材育成の実践は，一つの地域事例として捉えることができる。

ただ一方で，どのような人材像が設定されたとしても，最大の困難はそれに適う人材の育成手法であろう。そのため，どのような人材を育成すべきかを検討するのと同時に，どのような取り組みや手法を通じて，「地域まちづくり人材」育成が可能なのかを検討することもまた重要であると考える。大学の学生に限らず，社会人，地域住民，子どもたちなど世代や社会的属性を超えて育成可能な方法を模索したいと考える。理想的ないい方かもしれないが，真の観光まちづくりを実現するためには，世代とセクターを超えた人材育成を目指さない限り，その持続性を担保できないと考えるからである。

本章では，その手がかりとして，まずはこれまでの実践経験事例に基づき，私が専門とする文化人類学的な手法の有効性を検証する。その際には，大学や地域でのさまざまな事例に基づき考察を加える。

私自身は，従来，文化人類学的な手法で，特定社会の調査をおこない，全体的な社会的文脈における課題の発見的研究と分析理解を主たる目的としてきた。そして，その分析に基づく，より普遍的な（あるいは一般性のある）課題に対する事例の提示と理解を深めることに寄与してきた。

しかし大学教育に携わるようになり，そもそも限られた時間のなかで，全体的な社会的文脈を捉える手法を学部学生に教授することの困難に直面し，さらにそれに加えて，そのような専門的教育手法および内容の社会的な妥当性について考えることが増えた。それはまさに，文化人類学の学部教育，あるいは文化人類学的フィールドワーク教育の抱える限界との対峙格闘であった。

フィールドワーク実習という授業を担当し，実習として方法を教授するのが目的ではあったが，そのなかで，調査した内容をどのように生かすか，何のための調査なのかを明確に言語化することの必要性を感じるようになった。その過程は，文化人類学は何の役に立つのか，を問い続けることでもあった。認識論的あるいは哲学的に思索する視座を提供する文化人類学の重要性は自認していても，そのこと自体が社会的訴求力に欠けるという現実は，この問いを深める具体的な現場（フィールド）と手法を必要とした。大学の地元である「宇治市」における，現在では「地域連携」と当たり前によばれる領域での自社会の研究の始まりであった。

2012 年に，所属する文化人類学科を改組し，それまでの研究教育実績に基づき「観光まちづくり（現在は観光・地域デザイン）コース」が設置されることになった。コース設置から 5 年目を迎え，私自身は，「観光」や「まちづくり」という切り口を教育に接続した際にみえてくるいくつかの可能性を感じている。

まず，学んだことをフィードバックする枠組みとして「観光」や「まちづくり」といった文脈が明示されており，そのことによって教育手法である「プロジェクト型学習」の手法がより効果的に導入できる。

さらに，大学生活全体を通じた学びのインセンティブとしての将来（の職業）イメージを描きやすいということがある。文化人類学のフィールドワークを修得した者の将来イメージに合致するものは，文化人類学の有する総合性が逆に作用することで，「どんなことにも生かせる」といったような結局何も明示できない結果に終始し，現代産業社会のなかで具体的で身近なものを提示しにくかったという課題を抱

えていた。それに対して，特に「観光」は既存産業における具体的職業として列挙されやすいので，学習の動機づけになりやすいということがある。もちろんそのことが学生の学びを視野狭窄に陥れる側面もあり，産業との直結ということに関しては，大学教育の趣旨を職業人の養成ということに限定しかねないという点から，評価が分かれるかもしれない。一方「まちづくり」は，活動内容は具体的で活き活きとしているが，職業として考えたときには公務員やコンサルタント，NPO 職員などといった比較的間口の狭い限られた職種しか浮かばず，将来イメージが学習のインセンティブとして明確に機能しているとはいいがたい。

　本章では，筆者自身が関わってきた具体的な教育的取り組み，観光まちづくりの実践活動を事例としながら，観光まちづくり人材に求められる能力と，その教育手法である PBL 学習（的実践）について，大学での教育を中心にしながらも，企業や自治体および地域の商店街なども巻き込んだ初等中等教育の現場での取り組み，行政などと連携した住民主体の取り組みを事例として分析する。そのことによって，文化人類学的な視点や方法がどのように観光まちづくり人材育成に貢献できるのかを検討し，大学教育だけではない立場を超えた観光まちづくり人材育成の重要性と方法について考えたい。

2 ポストディスプリナリな観光まちづくり人材育成にむけて

　大橋（2012）は，批判的観光学研究における「ポストディスプリナリ方法」の必要性を以下のように論じ，ホーリンスヘッドのまとめた 10 原則を紹介している。ここで述べられている原則は，ツーリズム研究はもちろん，そのなかで実践的に研究・検証・開発されるべき「観光まちづくり人材育成」の過程でも重要になってくる視点であるといえる。

　ツーリズム研究ではもともと，「1 つの学問分野としての純粋性（domain purity）」はもちろんのこと，「インターディスプリナリ的，もしくはマルチディスプリナリ的な純粋性（inter-disciplinary/multidisciplinary purity）」に囚われていては，ツーリズム関係者たちの知的な学問的な要請に応じることができない。インターディスプリナリやマルチディスプリナリな方法は，個々のディスプリン成果の量的集約であって，精々のところ，例えば，ツーリズム関連の法律，経済，経営，文化などの共通認識化・普遍化がなされるだけのものであ

るからである。

それ故，ツーリズム研究で真に必要なものは，世界各地でおきている各種のツーリズム関連事象に対し多様に対応できるところの「弾力的（flexible），共同生産的（cogenerative）で，浸透力のある（permeable）研究方法」である。（大橋 2012：71）

大橋は，このように単に学際的であるだけではない，より多様に対応できる方法が必要であるとして，もともとはソフト・サイエンスの手法のために提示されたものをホーリンスヘッド（Hollinshead 2012）が観光研究のために緩用した 10 原則を紹介している（大橋 2012：73-74）。

> ① マルチプルな世界，マルチプルな真理があることを承認する感覚があること
> ② これまでの研究者たちの専門技術力に対して疑問をもつこと
> ③ 協働的な研究形式に強い関心をもつこと
> ④ 民族的な美的観にたいし洞察が必要であることを承知しておくこと
> ⑤ 文化の解釈において性急に結論を出すことに慎重であること
> ⑥ 一方的な啓蒙主義に反対する考え方をもつこと
> ⑦ 地域などにおける内在的な意味や意見に対し強い支持者であること
> ⑧ 時にはアグレシブな新しさを求める感覚が必要であることを承知しておくこと
> ⑨ 物事などが広い文化的意味合いのなかで行われることを原則として可とする態度をもつこと
> ⑩ 異なった世界観をもつ人々を受け容れることができるオープンな文化的，社会的，心情的，政治的性向をもつことが一般に必要であることを承知しておくこと

ここに記載されているような見識を有した人材は，優秀な観光人材であることは間違いないが，これらの素養は，観光まちづくり人材にも身につけてもらいたい理想的な項目である。しかし，大きな課題はこれらの素養をどのように育成することが可能かということである。①④⑤⑥⑦⑨⑩に挙げられている原則は，基本的に文化人類学的な視座と重なるものであり，文化人類学的な学びを深めることで一定程度修得できる認識論的な姿勢であろう。だが，原則②③や⑧は，現場での実践を通じてしか体得できないものであると考えられる。

3 育成する人材像のズレ

では，どのような人材を育成すべきなのか。これまでの研究会でもしばしば指摘されてきたように，「観光人材」や「観光まちづくり人材」という際に育成すべきとされる人材像には，多様性とゆらぎがある。ここでは，さまざまな主体や場によって想定される「観光人材」や「観光まちづくり人材」について整理し，それらの重なりとズレを確認する。

● 3-1 観光庁が求める人材像：観光人材

観光庁のモデルカリキュラムでは，経営戦略，IT，会計，財務，マーケティング，人事・組織，ビジネススキル，産業論（ホスピタリティ産業）などの分野を網羅するカリキュラム体系の構築が求められている。このようなカリキュラムの提案は，観光産業におけるマネジメント人材を想定したものである。しかし豊田は，日本の大学における実際の観光教育では，このようなカリキュラムになっていないし，学生を採用する側の企業は，「教養の深さ」を求めていると指摘している（豊田 2015：5）。

● 3-2 TEFI 未来志向的ツーリズム教育

大橋（2012：76-78）は，Tourism Education Futures Initiative（TEFI）が未来志向的ツーリズム教育として提唱するカリキュラム上重視される五つの価値を以下のようにまとめている。

> ① 倫理（ethics）は，誠実性，透明性，本物性をキーワードとし，脱植民地的視点の獲得をめざすものである。
> ② 知識（knowledge）は，技能，スキル，テーマごとの理論的かつ実践的理解，分野ごとの事実や情報，ある事実ないし状況の経験によって得られるものである。このなかには，創造性，物事についての批判的態度，イノベーション，ネットワーキングなどが含まれている。さらに知識を関係者で共有する仕方，関連する事業やコミュニティとの双方向コミュニケーション，知識・データ・情報の取得と管理においての大胆さと謙虚さ，実践でのリスクの存在の理解，批判的思考を強める教育が必要である。
> ③ スチュワードシップ（stewardship）は，ツーリズムなどの持続的発展を可能にするもので，関係するコミュニティへの奉仕精神，持続的発展の追求，

責任性などでリーダーシップをとれる人物の養成をめざすものである。
④ プロフェショナリズム（professionalism）は，実践力，リーダーシップ，サービス行為性，実践の行為と結果との適合性，タイムリーの良さ，内省性，チームワークとパートナーシップの形成力，行為優先性（pro-activity）をさすもので，プロフェショナリズムは，さらにこれらの観点を合体し実行しうる能力をも含んでいる。
⑤ 相互尊敬性（mutual respect）は，プロセス，多様性，包摂，エクイティ，謙虚，コラボレーションといった，対人的な態度や姿勢をとくにさすものであり，観光庁が示す観光人材以上に，観光まちづくり人材に適合する要件ともいえる。

　しかし，これら五つすべての能力を学部教育のみによって実社会での経験を経ずに身につけることは実際に可能だろうか。もし大学教育のなかで，この未来志向的ツーリズム教育を実践しようとすれば，これらの価値に何らかの優先順位の設定が必要だと考えられる。

● 3-3　地域での観光人材育成：北海道ツーリズム大学（きたかん）の事例
　北海道ツーリズム大学（通称：きたかん）で育成している人材は，まさに地域密着型の観光人材である。一般社会人や行政マン，さまざまな地域の活動実践者を受講生とする「北海道ツーリズム大学（きたかん）」では，地域資源の発掘（調査能力の獲得）から観光企画・商品の企画と実施までが講座に組み込まれている。
　さらに，それらの観光商品を企画提案するだけにとどまるのではなく，それを商品として継続的に発信していく「マーケティング」能力の獲得にも重点をおいている。そして，これらのカリキュラムを経て，持続的ビジネスモデルとして観光事業を展開できる人材の育成を目指し，カリキュラム修了者に授与する「観光創造士」という資格の創設も考えられる。
　このような講座の内容は，地域発の「地域ブランディング戦略」についての理論的枠組みに依拠している（敷田ほか 2009）。観光まちづくりの現場では，地域内部で発見された資源を地域の魅力を発信するために外部に発信しようとする。しかし，しばしばその中間システムの不在や，あるいは商品化された観光事業や企画などの場合には，マーケティング能力やメカニズムの不足などによって，地域内部の人々の自己満足に陥りがちである。「きたかん」では，それらの課題を「戦略的」かつ

「持続的」に乗り越えるための視座を複数の事例検証を通じて提唱している。

そのため，観光まちづくりのCVCA（Customer Value Chain Analysis：顧客価値連鎖分析）をカリキュラムのなかに導入し，地域資源から旅行商品を造成し，観光システムをつくりあげることを学ぶ。これは，観光開発＝資源化プロセスであるという認識に基づくもので，観光システムでは，マーケティングをおこない，市場の観光客にアピールし，観光客の来訪による経済的利益の移転によって資源開発が進んでいくという考えによるものである（敷田 2015：195）。

つまり，地域資源を活用し発信するだけではなく，その地域資源を実際に「商品」として企画，販売し，ビジネスとして成立させるところまでを，実践的な実習も含めて研修するのがこの「きたかん」のプログラムの大きなポイントであるといえよう。

● 3-4　大学教育における人材育成モデル

現在の大学教育には，従来の学問的蓄積に立脚しつつ，社会的なニーズに対応する教育を提供することが求められている。しかし同時に，現在われわれが大学という場で育成している学生の人材像は，複数の関係省庁の人材育成ゴール設定の網の目のなかにある。特に，地域振興，観光という文脈においてはその影響力は顕著である。

よく知られている経済産業省による社会人基礎力（2006年）では，前に踏み出す力，考え抜く力，チームで働く力などが設定されており，これらの能力を獲得するために，主体的思考を養うアクティブラーニングが高等教育はもちろん，初等中等教育の現場にまで導入されようとしている。

また，まちづくり人材の育成という観点では，筆者が所属する大学でも取り組んでいる地域志向の学びによる地方創生（文部科学省「地（知）の拠点COC事業，COC+事業」））などが重要な役割を果たすことが期待されている。このCOC＋事業は，人口減少（流出）が顕著な地域への対処として，地域での雇用創出，若者定住，移住促進などを進めようとする総務省の政策とも連動している。つまり現代社会における教育では，当然のことかもしれないが，単に大学教育内の枠組みだけの話ではなく，学内の学生，地域住民，行政，民間など多様な人々とともに，社会が求める人材像について考え，専門的知見を社会に還元するための人材育成手法を開発しなければならないのである。

4 文化人類学的視点・手法とは何か

　文化人類学は，いうまでもなく，フィールドワークという手法を通じて，対象社会に対する参与観察を実施する。その手法は，「観察」であり，そのためにその社会についてのさまざまな知見を得ることが可能となる。また同時に，それが「参与」であるがゆえに，単なる観察を超えて対象との関係性を構築することも可能である。ここでは，そのような文化人類学的手法の特徴について簡単に整理する。

● 4-1　調べて生み出す：創造性，交流

　筆者は，これまでの京都府宇治市における調査活動，学生との実践活動について，その文化人類学的意義を考えてきた（森 2004a, 2007b）。

　まず文化人類学の手法を用いることの利点は，実情を「調べて」可視化することができるという点であり，そのうえでそれらの事実について社会還元ができることである。それらをこれまで「学ぶ，伝える」そして「生み出す」プロセスとして整理し，社会との往還的な学習モデルとして学生たちと共有し，プロジェクト型学習を通じた大学におけるフィールドワーク型のアクティブラーニングに活用してきた。

　観光まちづくりの文脈にひきつけて考えると，文化人類学的手法は，事実や課題を発見する方法に長けており，またフィールドを根拠に何かを生み出すために行動できる人材を育てることができる。そして特に大学で実践的かつ創造的な価値を生み出す活動に取り組むことで，観光まちづくりにも資する人材育成が期待される。

● 4-2　横断性と全体性

　人類学の教育を受け，現在は高度産業化社会の組織分析をおこなっているテット（2016）は，「脱・サイロ・エフェクト」について，「産業社会において，高度に専門化し，たこつぼ化して細分化することにより上手くいっていない，あるいはわからなくなっていることをサイロ・エフェクトとよぶ。それらは，横断的な視点で捉えることにより見えてくる，あるいは実現することがある」と述べている。

　その際に，テットは人類学の以下の六つの方法が，このサイロ・エフェクトを脱するのに有効であるとしている（テット 2016：321-322）。

① 人々の生活をボトムアップの視点でみる，
② オープンマインドで見聞きする，

③ 研究対象の全体を見ようとし，その社会でタブーとされている，あるいは退屈だと思われているために人々が語らない部分に光を当てることや社会的沈黙への関心，

④ 人々の語りと現実の行動を比較する，

⑤ 他者の社会について学ぶだけでなく，それを通じて自らの生き方を見直す，

⑥ 人間の正しい生き方は一つではないという立場をとるということである。

特に5番目に挙げられている点は，インサイダー＆アウトサイダーの視点を同時に兼ね備えているという，人類学の最も重要な特徴である。

これらの六つの人類学的方法を，TEFI 未来志向的ツーリズム教育と比較してみると，共通項が多いように思われる。その共通項とは，個別の差異を受容し，横断的視点と全体的視点を保持しながら，多様な主体をつなぐというものである。さらにこのような視点や手法は，観光学の理論的理解における「連接」「部分的連接」（橋本 2013）や，まちづくり研究における「カルチュラル・インターフェイス」（早川 2012）として論じられる概念ともつながると考えられる。

同時に，人類学においては，個別のアクターの実践にも注目し，全体のなかでの個々の立場への理解を深めることができる。これは逆にいえば，個と全体の関係性を踏まえた関係性の意識的創出や，そのような場の創造に寄与することができるということでもある。多様なアクターによって構成される「観光まちづくり」の現場や多様なアクターの関わりで構築される「地域プラットフォーム」をどう理解し分析するかという点において，人類学的手法は有効性を発揮すると考えられる。

以下では，大学や地域での実践事例の分析を通じて，観光まちづくり人材を人類学的手法で育てる意義を考える。

5 大学教育における実践事例

ここでは，フィールドワーク教育，PBL 教育，ゼミ活動，地域連携型学生プロジェクト活動や産官学連携活動など，多様な形態での実践事例を取り上げ，そこでの地域まちづくり人材育成の特徴について考察する。

● 5-1 フィールドワーク教育

筆者はこれまで，さまざまな地域において，異なるテーマでフィールドワーク教

育を実施してきた。例示すると，祭りとコミュニティ組織やその活動内容に関する調査（滋賀県志賀町（現大津市）），地方自治体合併後のコミュニティのあり方や文化資源の発掘（京都府丹後地方），商店街において地域の魅力を外部へ発信することを視野に含めたテーマ比較型のフィールドワークである「地域を発信する」（宇治橋通り商店街，東京・巣鴨地蔵通り商店街），観光とバリアフリーをテーマとした問題解決提案型の宇治市内での研究，宇治の地蔵盆や祭礼調査，宇治茶の生産地域でのフィールドワークおよびその他の茶産地（静岡，鹿児島）との比較をおこなった「茶のある暮らしの生活誌」（宇治市白川地区）研究など多岐にわたる。

　ただいずれも，参与観察や聞き取り調査などの人類学的手法を用いて，コミュニティの活動や行事に注目しながら，調査／フィールドワークの手法や報告書の作成など，一連の過程を学生に実習してもらうための文化人類学科の必修科目としての取り組みであった。全体の大きなテーマのもとで，学生個人の関心に従って調査テーマを設定し調査を実施するというように，共同調査と個人調査の両方を体験できるようにした。

　京都府北部の丹後地方での調査では，京都府の事業に参画し，地元自治体からの協力を得たり，他分野を専攻する他大学の学生たちとの合同研究成果報告会を実施したりした。このような社会還元型の官学連携型調査研究は，今では当たり前のように実施しているが，今から振り返れば，この経験が，地域連携や大学間連携による地域でのフィールドワークの最初のものとなった。

● 5-2　たび旅（まな旅サポート修学旅行）：産官学民連携の観光商品の企画実施
1）概　　要

「たび旅」とは 2006 年から実施している，中高生の修学旅行生向けの宇治フィールドワーク研修プログラムである。内容としては，平等院見学→テーマごとにフィールドワーク→大学でまとめ学習→プレゼンおよび講評→学校に戻って総合学習や振り返りをおこない，学生が自ら学んだ人類学的フィールドワークの手法を，修学旅行生に伝える仕組みになっている。

2）位置づけ

JTB・ベネッセ・宇治市観光協会などとの連携で，教育旅行のプログラム，つまり一つの観光商品として開発された。それは，フィールドワークの手法を教育旅行商品に接合することを目的としたもので，教育旅行商品造成のために，宇治市観光

協会や商店街などとの既存の関係性を生かし，大学が仲介する形で，修学旅行生と地域をつなぐプログラムを開発した。

　結果としてみてみると，このプログラムでの活動が，宇治市内において大学が関わる観光まちづくりのネットワーク（地域プラットフォーム）の基礎ができるきっかけとなり，現在に至っていると考えられる。なお，宇治市は，2009（平成21）年度に，公益社団法人日本観光協会主催「第17回優秀観光地づくり賞 国土交通大臣賞・金賞」を受賞しているが，産官学の先進的な観光まちづくり事例として，本取り組みが評価に貢献できたといえよう。

3）学生研修システム

　スタッフを務める学生たちは，自らが地域文化について学んでいなければ，それについて伝えることができないので，夏期休暇中に自主研修を実施している。グループワークやまとめ学習は教員が事前指導する。また当日使用するワークブックや説明資料，説明内容の検討および作成は学生が自主的に担当しているので，このプロセスで学生たち自らが学んだフィールドワークの成果が反映される。これらの研修は学部を問わず学生スタッフを募集しているので，フィールドワークの方法についての学習経験のない学生たちにもその手法や文化人類学的視点で地域と関わることについて，まがりなりにも学習をしてもらえる機会を提供している。

　さらに，研修プロセス全体を担当している大学職員は，自らも兼業で宇治観光に携わる人材であり，学生たちに観光従事者の内部的視点を提供するとともに，地域の関係者との連携推進を進める役割を担っており，本プログラムが高い評価を受けて継続している要因となっていると考えられる。

4）身につく力

　知識として，宇治の歴史文化，人，もの，ことに詳しくなることはもちろん，フィールドワークの方法を伝えることができるようになる。さらに人前で話す力や説明力が身につき，自ら関わっていく積極性，社交性なども鍛えられる。

　さらには，まとめ学習のサポートやファシリテーションを担うことができ，ワークショップの運営など，多様な立場の人々の意見調整を実施する際には不可欠な能力を身につけることができるようにもなる。

● 5-3　プロジェクト型学習（PBL）による「観光まちづくり」の提案

1）プロジェクト科目の新設

　京都文教大学では，2009 年に文部科学省特色 GP「地域と結ぶフィールドワーク教育」の採択を受けて，さまざまな地域での学習活動を展開した。その成果を基盤に「現場実践科目群」という実践学習科目群を設置し，そのなかに「プロジェクト科目」という選択必修科目を設けるというカリキュラム改革をおこなった。

　プロジェクト科目は，全学共通科目の一部として位置づけられ，専攻を問わず，プロジェクトのテーマごとに学生がエントリーし，半期の間にテーマに沿ったプロジェクト型学習（Project Based Learning：PBL）を経験し，学期末にはその成果報告会を開催する。一定期間にチームで活動し，成果をあげること，またそれらの過程と成果についての振り返りを重視し，学生自身が自分の成長を言語化できるよう促している。

2）「観光まちづくり」PBL

　筆者は，「観光まちづくり」をテーマに複数年プロジェクト科目を担当した。最初の年度は，中宇治地域をフィールドワークして，そこからみえる「宇治の観光」についての改善案を提案することを目指した。提案報告会には，観光協会や行政の観光担当者にも参画してもらい，学生たちの提案に対してコメントをお願いした。学生たちの視点は高く評価されたが，私自身は担当者として，調査，課題発見，提案という一連のプロセスで学生たちの学びが深まることを実感するとともに，「提案」までで取り組みがおわってしまうことが，プロジェクトの創造性という観点からは独りよがりの成果に感じられた。

　そこで，次年度以降は，それらの観光資源の発掘をもとに，宇治茶や商店街の魅力など，地域の魅力を発信するイベントを企画実施してもらい，そのプロセスを振り返ってもらうようにした。京阪宇治駅を借用してイベントを実施した。2016 年度には，フィールドワークの対象地域を京都市伏見区に広げ「水」をテーマに調査し，イベントの企画実施を展開した。行政，商店街，鉄道事業者の協力のもと，連携して事業を実施できたが，学生たちが自分たちの学びの価値を認識し，言語化できたのは，最終報告会の準備段階でのことであった。ただ，観光まちづくり人材育成という観点からみると，実際の現場からみつけたシーズを組み合わせて一定の成果までたどり着くという経験は，実践的能力の育成に寄与している。さらに，自らが観光者，すなわち「客」や「消費者」という立場で観光経験をもつという側面に

加えて，「出会い」と「交流」を創出するという経験ができる点に，新たな観光の可能性を拓く人材となることも期待できる。

● 5-4　宇治☆茶レンジャー：地域連携学生プロジェクト活動

1）概　　要

「宇治茶」をテーマに，地域内外のコミュニケーション創出を目指す京都文教大学の地域連携学生プロジェクトである。お茶の淹れ方ワークショップや茶香服体験，秋には親子で楽しむ宇治茶の日という企画名で，「宇治茶スタンプラリー」「聞き茶巡り」「お茶まちづくりカレッジ」と地域交流型の大きなイベントを企画実施している。これらのイベントは多いときは1日で1万人が参加する規模になっており，2009年の初回から数えて，2016年で7年目のプロジェクトである。学生たちが課外活動的に自主参加し，自らの専攻の垣根を越えて，宇治茶という共通項で地域の多様な立場の人々と関わりながら活動をしている。また宇治市教育委員会の協力のもと，地域の小学校全児童16,000人にスタンプラリーの台紙を配布し，地域文化の核となる宇治茶について楽しみながら学んでもらえるよう工夫をしている。

2）地域との協働

活動も7年目を迎え，地域，行政，地元商店街，特に茶業界との連携が進み，京都府茶業会議所，京都府茶協同組合などの強力なバックアップを得られるようになり，現在は宇治茶振興助成金などから活動資金面での援助も受けられるようになってきた。広報活動では京阪電鉄の各駅での台紙配架協力など民間企業からの連携協力も獲得している。2015年度からは，一般市民からも当日ボランティアを募集して参加してもらうようになった。

3）他大学との連携と交流の促進

「お茶」をテーマとして，全国の大学に参加を呼びかける交流型のイベントを開催し，商店街などとも連携している。「全国お茶まちづくりカレッジ」と冠したイベントを宇治市内で開催するとともに，参加学生たちには宇治市内への宿泊を誘導し，観光プログラムとして学生ガイドによる町歩きツアーなどもプログラムに組み込んで実施している。まちづくり活動として他大学とのネットワーク構築をはかるだけでなく，他地域の学生が宇治を訪れ，宇治の人々と交流するきっかけづくりをおこなっている。

宇治茶の歴史・文化 製　　法 味・特徴 販売の工夫 現状と課題	文章：論文，報告書 展　　示 ワークショップ イベント 商品企画	ホッとする時間 人のつながり 地域文化・伝統の再発見 産学連携ネットワーク 消費の刺激

学　ぶ　　　　伝える　　　　生み出す

宇治茶	親子で楽しむ 宇治茶の日	コミュニケーション 新しい価値・視点

図 4-1　文化人類学的手法を生かした価値創造型教育（出典：森 2011）

4）プロジェクト型学習としての学びのスキーム化

以上のプロジェクト活動はあくまでも，学生たちの自主的な課外活動ではある。しかし，活動を通じた学びを実質化するために，プログラム設計の際は，教員がアドバイザーとなり，担当職員が各プロジェクトに付き添って社会連携の方法を指導している。

宇治☆茶レンジャーのプロジェクトでは，まず学ぶプロセスを重視している。宇治茶についての知識や経験がまったくない学生たちが自ら学び，発信することに価値があると考えるので，伝えるためにはまず学ぶ，という姿勢でメンバーたちは取り組んでいる。アドバイザーとして関わる筆者自身も，立場の違いや多様性との出会いや受容の重要性を強調して共有している（図 4-1）。

また学びのプロセスでは，個別のイベントの企画運営，チーム運営などについて，その都度の振り返りおよびその言語化を大切に活動している。地域連携型であることを意識し，地域と関わる意義について学生自身に考えてもらいながらプロジェクトは運営されている。

宇治茶というテーマに即してではあるが，地域の方々と密に話し合うことも多く，宇治茶の生産農家，問屋や小売りの茶商，行政などの立場を超えて，全体を見据え，ネットワークについて考えるという立場性を有している。ただ，そのような俯瞰的な視点を取り入れながら実際のプロジェクト活動をおこなえる学生はそれほど多くはないので，折にふれて教職員が振り返りの言語化をサポートし，全体的・横断的視点の重要性を伝えるようにしている。

● 5-5　観光まちづくりゼミ活動：ジャパン・フェスティバル in ベトナム

1）概　要

2015年度の3回生ゼミ「観光まちづくり」を受講している学生8名で，2015年11月にベトナム・ホーチミンで開催された「ジャパン・フェスティバル」に出展し，宇治茶接待および宇治茶の嗜好調査（水出し煎茶と玉露の飲み比べ），宇治の観光PR を実施した。ジャパン・フェスティバルそのものは，近畿日本ツーリストの企画イベントで，2日間で若い世代を中心に15万人の来場者が訪れたビッグイベントであった。

2）地域との協働

企画内容は学生が考え，これまでの地元のネットワークを生かし，京都府茶業会議所，京都府茶協同組合，宇治市役所，平等院，宇治市観光協会などから物品などの支援を受けた。担当教員である筆者のネットワークも活用しながらではあったが，学生たち自身で，それぞれの関係者に企画書を提出し，協力依頼をした。帰国後アンケートの分析結果などをフィードバックするために，関係者を集め報告会を実施した。

3）ベトナム人研修生との協働

宇治市国際交流クラブの知己を介して，現地で日本語研修中のベトナム人学生3名に準備と当日3日間手伝ってもらった。アンケート翻訳などは，宇治市在住のベトナム人にお世話になった。一つのチームとして目的に向かって動き，国境を越えて共に働く可能性を強く感じた学生もいた。

4）断片化，だからこそ接続

調査研究や学習の内容は，ある意味では限定的となり，ベトナム社会に対する理解も，事前学習を通じて現地での喫茶文化，気候，観光客の動向などを知るにとどまった。ベトナムの文化と社会を学ぶといった対象社会に対する全体的な理解の機会は逸した。ただテーマであった，茶の海外市場動向などは背景的な知識として学んだ。宇治茶と宇治観光については，これまでのゼミや活動で蓄積したものを生かして企画実践した。

しかし観光（産業）というマーケット＝外部に接続することで，活動が焦点化できたということもいえる。「観光産業」と「まちづくり」は，ある種の相互依存的な

関係性をもつ（堀野 2016），という点が実感された。学生たちの多くは大学卒業後，社会に出ていくことを前提としているが，そのそれぞれの方向性に合わせて，職業イメージと重なるマーケットを意識したことには意味があったと思われる。またベトナムという異文化の地で，ベトナム人の研修生と活動した意義は大きかっただろう。

さらに，宇治茶について過去にプロジェクトで取り組んだ学生たちが，宇治茶の煎茶と玉露に関する嗜好調査アンケートを実施した。その成果については，茶葉などの支援を受けた関係者を招聘して報告会を実施した。

以上のように，このベトナムでの活動事例は，全体性は理解できなかったものの，特定の文脈のなかで必要な情報を選択しながら，外部社会へと効果的に連接した点でよい事例だったといえる。

6 市民・行政との協働における観光まちづくり人材育成

筆者は現在，複数の地域で，市民や行政，企業などと連携する観光まちづくりの活動に取り組んでいる。そのいくつかの事例を概観し，そこでどのような人材育成がおこなわれつつあるかを考察する。

● 6-1 宇治市観光振興計画の策定と推進

地元の観光事業者の経験と意見をもとに策定した，アクション・プラン型の振興計画を 2013（平成 25）年度から実施している。行政の計画に基づく観光政策的な取り組みではあるが，計画策定から多くの関係者が関わっていることもあり，その推進過程においても地域全体の実践的活動を通じて，一定の人材育成がおこなわれているといえる。

正式な委員会以外に，有志の会で意見交換を頻繁におこない，事業実施や予算獲得などについての相談を実施している。それぞれの立場を超えて，互いの立場や強みを理解したコラボレーションが増加している。従来行政が実施してきたような啓蒙型の講座，研修ではなく，実践的な（ある種の）プロジェクト型学習が展開されているような状況である。ただし，そこに参加しているメンバー内での意識の違いや，参加しているメンバーと参加していないメンバーの間での認識の差など，あらためて全体の観光の質向上に向けて取り組むべき課題が多く存在することも同時にあぶり出されている。

ただ少なくとも，地域住民（関係者）も担い手として参画して，共通の目標に向かって活動することで，結果として，地域の現状に根づいた観光まちづくり人材が少しずつではあるが育成されつつある。また同時に，地域内の観光関係者のネットワークも横断的に構築されてきている。

● 6-2 宇治茶世界遺産登録推進プラットフォームの活動

現在，京都府では，宇治茶の文化的景観を世界文化遺産に登録するための活動を展開している。ここで取り上げる世界遺産登録推進プラットフォームは，地元から世界遺産登録に向けての機運の盛り上げ，普及啓発，人材育成を目指している。

参加者は，学識経験者（宇治茶，農業，まちづくり，文化的景観），宇治茶生産農家，茶商，地元情報誌の編集者，日本茶インストラクター，行政関係者が加わっている。活動内容は，宇治茶生産の維持，宇治茶ブランドの価値発信，宇治茶に関する感動と共感の場づくりである。

ただ，2015（平成 27）年度の時点では，観光事業部分だけ，外部の広告代理店や旅行会社に外注されていた。言い換えれば，観光事業の立案が切り取られて外在化し，東京中心の有名性への依存体質が組み込まれてしまっていることになる。

つまり，観光産業化した部分が，まちづくりの文脈とは切断され消費される可能性が生まれてしまっているのである。もちろん，内部のまちづくり文脈と外部が適切に接続されれば，内部での活動がいっそうの成果をあげるための発信効果が生み出されるはずである。しかしながら，現実には，そのような接続が現時点で効果を上げているとはいいがたい（図 4-2）。

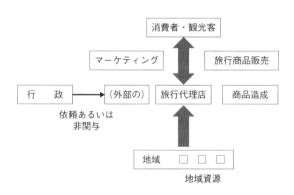

図 4-2 外部主導の従来型観光マーケティング

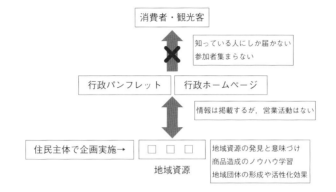

図4-3 ちーたび

● 6-3 中間システムの構築と地域連携DMO

　2016（平成28）年度には，前年度の問題点を改善すべく，地域団体向けの旅行企画研修としての講座を実施し，地域づくりに関わる団体がいくつか参加した。そこから発案された企画を京都府の「ちーびず」（京都府地域力ビジネス）[1]の枠組みで「ちーたび」として広報販売し，参加者募集をかけた。このような研修をきっかけに，実際に地元で団体が生まれたり，既存の団体においても活動の展開がみられたり，何よりも地域の魅力をビジネス的な手法で仕事にしていくという仕組みが住民に認識された意義は大きかった。しかし，この事業においては，あくまでも住民主体での取り組みが推奨されていることもあり，小規模で初心者の地元団体が「ちーたび」の参加者を集めることはかなり難しく，「集客」が非常に大きな課題として浮かび上がってきた（図4-3）。

　住民主体の活動を後押しするために，行政が一定の役割を果たすことは，そのやり方によっては有効性を発揮する。特に利益確保がまだ未確定な分野で，地域の公益を視野に入れてマーケティングを後押しするような住民参画型の中間的なシステムを構築する場合に，資本の脆弱性などの弱点を公的資金で補うということは否定的な側面ばかりではない。なぜなら，地域団体は，基本的に規模が小さく，民間の資金主導でのビジネス展開が理想ではあるが，その持続性を考えるとどうしても外部の資金力のある企業体との競合は難しい。中小規模の団体や事業者をその地域に

---

1) http://www.pref.kyoto.jp/social-biz/（最終閲覧日：2017年10月20日）

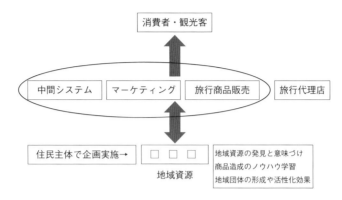

図 4-4　中間システムで地域とマーケットをつなぐ

合った形で中間システムとして機能するような支援が必要である（図4-4）。しかし実際に，住民主体の活動と利益確保による持続性を両立させることはたいへん困難なことである。

　近年，日本政府は，観光DMO（Destination Management Organization）の設立を各地で支援し，地域における観光振興を図り，地方創生の動きと連動することを奨励している。京都府南部では，「地域連携DMO」として，京都府と地元12市町村が母体となった「お茶の京都DMO（一社京都山城地域振興社）」が2017年3月に設立された。

　観光DMOは，「地域の「稼ぐ力」を引き出すとともに地域への誇りと愛着を醸成する「観光地経営」の視点に立った観光地域づくりの舵取り役として，多様な関係者と協同しながら，明確なコンセプトに基づいた観光地域づくりを実現するための戦略を策定するとともに，戦略を着実に実施するための調整機能を備えた法人」と定義される[2]。

　地域連携DMOは，「複数の地方公共団体に跨がる区域を一体とした観光地域として，マーケティングやマネジメント等を行うことにより観光地域づくりを行う組織」である[3]。

　お茶の京都DMOが設立されてから2年が経過したが，少しずつ地元との関係づ

---

2) https://www.tourism.jp/tourism-database/glossary/dmo/（最終閲覧日：2019年3月3日）
3) http://www.mlit.go.jp/kankocho/page04_000049.html（最終閲覧日：2019年3月3日）

くりが進み，手探りで事業が開始されたばかりという印象である。事務局構成員は既存の複数の大手旅行会社や行政からの出向者であるが，一体化した組織として機能するかどうかはまだ未知数である。

　理想的には，各地域の実情の理解に基づき，展望をもった政策や事業立案および実施能力が求められている。このような DMO が，もし地域住民，中小企業・団体をプレイヤーとして巻き込み，外部との有効な接続力をもつ中間システム構築に寄与できるならば，その設立には意味があるだろう。しかし実態としては，内発的な組織というよりはトップダウンによる組織設立になっているケースも多いので，そもそもマーケティング機能をもたない行政（図4-3）は，図4-4で示した中間システムを構築しているつもりで，結局は図4-2で示した外部主導の従来型観光マーケティングに戻ってしまい，マーケットの都合に地域が振り回される事態が生じる懸念は大きい。実際，2017 年に巨額の予算で開催された「お茶の京都」の一連のイベントは，首都圏での宇治茶 PR イベントの開催やいくつかの関係市町村に交流拠点施設が整備されるなど，大がかりなものであった。そこでは，外部のイベント企画・デザイン業者が関わり，話題性やデザイン性重視の宇治茶の発信がされた。そのことによって，メディア露出度が高まったり，イベントによって注目されたりするなど，活動が取り上げられた人々もいた。しかし，それまで小規模ながら活動を始めていた地元の多くの人々や茶業者にとって，これら一連のできごとは，一過性のイベントという捉え方をする人も少なくなかった。この悪循環にはまらないためには，全体の構図に対する理解をもち，むしろ地域の側が対等なパートナーとして遠慮せず，このような組織をいかに積極的に侵食していくかが地域連携 DMO の成否の鍵を握っているのだろうと考える。しかしながら，行政と大手旅行会社によって構成された DMO と地域の小規模事業者が，どのように関係を構築していけるかは手探り状態にあり，今後の課題である。また，現時点の DMO の枠組みでは，観光人材育成についての視点は十分とはいえない。

　ここまでみてきたさまざまな地域実践事例では，共通の目標に向かって協働すること，つまりプロジェクトとしてミッションを共有することの重要性と困難が明らかになった。観光事業者などの関係者や地元住民の主体性をどう引き出すかがその鍵を握るが，ここに挙げた取り組みを通じて共有される「担い手としての経験」が一定の教育効果を発揮していると考えられる。

　観光者としての経験，地域におけるまちづくりの経験をしてもらい，その経験に基づき計画や活動の評価と見直しを繰り返すことが，人材育成に向けての実質的な

教育過程として機能していると考えられる。通常，意思決定のためにおこなう会議の場が，有効な経験共有と振り返りの機会ともなっている。

ここに挙げた具体的な取り組みは，観光やまちづくりの実践者を結果として育成するものであり，カリキュラム化されたコーディネーターの養成講座などとは異なる。ただ，実践の場合は通常の教育活動とは異なり，ゴール設定は参加する個々人によってもバラツキが生じやすく，それを方向づける統一した枠組みが共有されにくいという課題がある。だからこそ，地域において多様な立場の人々が集い，コミュニケーションをとりながら共通の目標に向かっていける基盤となる地域プラットフォームの存在が重要であるが，その確立と維持には多くの課題がある。

7 おわりに

ここまでみてきたように，「観光」を教育現場に接続することは，現代の地域社会やまちづくりなどの課題について取り組むことのできる人材を育成するうえで，たいへん有意義である。その際，外部（産業界）と接続することによって社会をリアルに実感する「焦点化」が可能になる。しかし，育成すべき人材像については，どのような社会的ニーズや産業界を想定するかによって相当のズレがある。

育成の手法としては，学生であっても社会人であっても，「観光経験」を組み込んだ振り返りを伴う PBL 型学習が有効であるといえる。ただし，地域プロデューサーやコーディネーターとしての役割を果たせるようになるためには，全体を横断的に捉える視座の獲得が必要であり，同時に個別のアクターをネットワーク的に分析し，調整する高度な能力が必要となる。

また，地域での実践事例をみていくと，従来のまちづくり人材以上に，観光まちづくりの場合には，マーケティング能力を有した人材が必要であることがわかる。地域内部を運営し外部の組織とつなぐというマネジメント能力に加え，観光という文脈に地域を接続することができる地域マーケティグ能力が必要なのである。

ただ，このような人材を育成しようと考えたとき，それは相当に困難なこととなり，実際そういう人材が育成できたとしても，それは限られた人数になるであろう。ということは，現実的には，理想的なオールマイティな人材を育てることを目指すのではなく，チームで働くことができ分業体制に適した人材育成を目指す方が現実的であるといえる。理想の人材像を単純に追求するだけではなく，地域に存在する人材を活かすことのできる組織のあり方や運営の方法についても，同時に考えてい

04　観光まちづくり人材を人類学的手法で育てる　　*93*

く必要があるのである。その際の人材とは，オールマイティな高度観光人材を育成することを目指すのではなく，「観光マインド」を有した，タイプの異なる人材の複合体のような「チーム型人材育成」を提唱したい。

　そこで，このような人材育成および観光活動の推進組織や体制について考えてみると，観光まちづくり（観光地域づくり）という考え方や取り組みがあまりにも一般化するなかで，とりあえず観光に取り組むための協議会や場を設定すればよいという考えになりがちである。そういった場合，往々にして手法や組織の構造は旧来のものから変わらないので，地域にノウハウ＝人材が根づくはずがない。このような状況は実は深刻であり，地域連携型 DMO も，看板だけを掛け替えた外注型の活動になってしまう危険を避けなければならない。あるいは，事業者に委託はするが自らは事業実施者にはならない，旧来の行政スタイルにとどまるかである。地域と消費者・観光者をつなぐ「中間システム」の役割を果たすことができる組織を地域も加わる形で確立し，地域内部にも人材が定着するようにすべきである。そのような中間システムの役割を果たすことのできるような，地域の実情に立脚した DMO がどれほど存在するのであろうか。これについては，あらためて考えてみたいと思う。

　とはいえ，実践活動を通じた観光経験とその教育は，多くの人々に「観光マインド」を育成できる可能性を有している。専門性と「観光マインド」のバランスをとりながら，地域に多様な観光まちづくり人材を育てることが必要であろう。そのためには，初等中等教育の現場でも，「観光マインド」の育成に配慮した教育がおこなわれることも重要であり，現在宇治市教育委員会と京都文教大学で作成している，小中一貫教育の総合的な学習「宇治学」の副読本のカリキュラムに「観光・地域の魅力発信」を組み込むことになった。これは小学生の頃から地域の魅力を発見し愛着をもてるだけでなく，観光マインドをもって地域を発信することで，外部と交流し関係をつくることのできる地域人材養成の貴重な契機となることが期待できるため，今後を注視したい。

　さらに観光人材育成における今後の課題としては，どのような活動でどのようなタイプの人材が育成可能なのかというおおよその平均的な取り組みと，育成できる能力の相関関係に基づくプログラム立案を進めると同時に，個人のアクターの特性分析により焦点をあて，そのアクターの学習履歴（体験履歴）と特性と地域での役割も視野に入れた地域組織育成プログラムを併せて構築する必要があるといえる。筆者としてはその際に，地域の内部のミクロな視点，それらを全体的かつ横断的に

捉えることのできる文化人類学的視点とその教育手法が有効性を発揮することを願っている。

【引用・参考文献】

井口　貢［編著］(2008).『観光学への扉』学芸出版社

大橋昭一 (2012).「批判的観光学の形成―観光学の新しい一動向」『関西大学商学論集』*57*(1), 61-84.

敷田麻実 (2015).「効果的地域人材育成とは？―北海道の北の観光リーダー養成事業の先進的トライアル」橋本和也・堀野正人・遠藤英樹・金武　創・岡本　健・森　正美・片山明久［編著］「観光まちづくりと地域振興に寄与する人材育成のための観光学理論の構築 中間報告書」（科学研究費基盤研究（C）（課題番号：25501025）), 19-26.

敷田麻美・内田純一・森重昌之［編］(2009).『観光の地域ブランディング―交流によるまちづくりのしくみ』学芸出版社

テット, G. (2016).『サイロ・エフェクト―高度専門化社会の罠』文藝春秋

豊田由貴夫 (2015).「観光人材育成に関する理論の構築は可能か？―立教大学観光学部の事例から」橋本和也・堀野正人・遠藤英樹・金武　創・岡本　健・森　正美・片山明久［編著］「観光まちづくりと地域振興に寄与する人材育成のための観光学理論の構築 中間報告書」（科学研究費基盤研究（C）（課題番号：25501025）), 3-10.

橋本和也 (2013).「観光学の新たな展望―なぜ，いま「観光経験」なのか」『観光学評論』*1*(1), 19-34.

早川　公 (2012).「「まちづくり」的感性のつくられ方―地域ブランド商品の開発プロジェクトを事例として」前川啓治［編］『カルチュラル・インターフェースの人類学―「読み換え」から「書き換え」の実践へ』新曜社, pp.143-165.

堀野正人 (2016).「観光まちづくり論の変遷に関する一考察―人材育成にかかわらせて」『地域創造学研究』奈良県立大学研究季報, *27*(2), 65-91.

前田武彦［編著］(2013).『観光教育とは何か―観光教育のスタンダード化』アビッツ

森　正美［編］(2003).『峰山―文化資源の発掘と地域づくり・京都府峰山町』京都文教大学人間学部文化人類学科

森　正美 (2004a).「「交流」から「混流」へ―文化人類学的手法によるまちづくり」『人間・文化・心』*6*, 49-66.

森　正美［編］(2004b).『うじぞー 2003―中宇治地域のお地蔵盆』京都文教大学人間学部文化人類学科

森　正美［編］(2005a).『地域を発信する―宇治橋通り商店街・巣鴨地蔵通り商店街―フィールドワーク実習報告書』京都文教大学人間学部文化人類学科

森　正美［編］(2005b).『うじぞー 2004―中宇治地域の地蔵盆』京都文教大学人間学部文化人類学科

森　正美［編］(2006a).『うじぞー 2005―中宇治地域の地蔵盆』京都文教大学人間学部

文化人類学科

森　正美［編］（2006b）. 『わっしょい宇治—宇治神社例祭フィールドワーク実習報告書』京都文教大学人間学部文化人類学科

森　正美（2007a）. 「地域で学ぶ，地域でつなぐ—宇治市における文化人類学的活動と教育の実践」『文化人類学』72(2), 201–220.

森　正美［編］（2007b）. 『うじぞー 2006—中宇治地域の地蔵盆』京都文教大学人間学部文化人類学科

森　正美［編］（2010a）. 『2009 年度宇治バリアフリーフィールドワーク実習報告書』

森　正美［編］（2010b）. 『2009 年度スタンプラリー・まな旅　実践人類学実習報告書』

森　正美（2011）. 「文化を学んで，地域を変える—京都・宇治における学生による観光まちづくり」日本文化人類学会公開シンポジウム『人類学の社会的貢献—ビジネス，災害，地域連携』（於静岡県立大学）

森　正美［編］（2012）. 『茶のある暮らしの生活誌—2011 年度宇治・白川フィールドワーク実習報告書』京都文教大学人間学部文化人類学科

森　正美・山田香織［編著］（2013）. 『2011 年度 プロジェクト科目「観光まちづくり」報告書』京都文教大学

Hollinshead, K. (2012). The under- conceptualisations of tourism studies: the case for postdisciplinary knowing. In I. Ateljevic, N. Morgan, & A. Pritchard *The critical turn in tourism studies: Creating an academy of hope*. London: Routledge, pp.55–72.

05 コンテンツツーリズムによる人づくり
創造型観光における観光教育とは

片山明久

1 はじめに

近年，観光をめぐる議論として，地域との関わりを問うものが多くなっている。

まず学術会議での傾向を，観光系の学会として最大の会員数をもつ日本観光研究学会の演題からみてみる。2014 年 12 月の全国大会における演題は全部で 105 件であったが，そのうち地域関係のテーマを扱ったものは 14 件であった（日本観光研究学会 2014）。また 2015 年においても全演題 92 件中 15 件が地域関係のテーマについてであり（日本観光研究学会 2015），多くの研究者がこのテーマに対して関心をもっていることがわかる。また観光系の業界紙として最大手である『週刊トラベルジャーナル』の巻頭記事をみてみると，2014 年 12 月から 2015 年 12 月までの 1 年間において，51 冊中 11 冊が地域関係のテーマが巻頭記事として掲載されており，このテーマが観光業界全体の大きな関心を集めていると理解できる。

このような風潮は大学における観光教育にも影響を与えていると考えられる。2015 年 12 月時点での観光系の大学の数は，「観光」「ホスピタリティ」「ツーリズム」の語を名前に含む学部・学科を置いている大学が 43 校，学部・学科ではないがそれらの語を含むコース，専攻，分野，領域などを置いている大学が 65 校，表面上，観光とは無関係なようでいてカリキュラムのなかに観光関連の科目がある大学が 54 校存在するが[1]，それらのうち大都市ではなく地方都市に設置された大学も多い。たとえば 2007 年〜 2009 年の間に設置された観光系の 15 の学部・学科のう

---

1)「これからの観光教育学生会議　第二回インタビュー」（内田二郎（株式会社 JTB 総合研究所人材育成コンサルティング部コンサルティング担当部長））〈http://kankokaigi. wixsite.com/home/2p1（最終閲覧日：2016 年 9 月 30 日）〉

ち，8 件は大都市，7 件は地方都市と約半数の大学が地方都市に設置されている[2]。

このように地方都市に設置された観光系の学部・学科は，多くの場合当地の地域振興の枠組みのなかにその存在意義をもつことになる。したがってそこで関心を集めるテーマは，「地域にとって役に立つ観光人材」「地域資源の活用ができる人」「地域の良さを発信できる人」をいかにして育てるかという点に集約される。たとえば2016 年に開設された新潟経営大学の観光経営学部をみてみると，その開設の趣旨として，経営学をベースとして観光の専門的な知識を身につけることにより，多角的な視野から「地域の発展に貢献できる人材を育成する」ことが謳われている[3]。

しかしながらこのような傾向には，観光教育が地域の事情や必要性に過度な影響や評価を受けてしまう懸念が生じる。すなわち，地域の役に立ってこそ初めて観光教育が評価されるのであり，その評価を求めて観光教育が即効性のある成果のためのスキル教育に偏ってしまうかもしれないという懸念である。これは観光教育が地域振興の枠組みのなかに存在する限り避けて通れない呪縛といわざるをえないだろう。したがって観光教育の議論としては，「地域との関わり」というテーマとは離れた，異なる方向からのアプローチを意識的に設定する必要があるだろう。

本章では，こうした背景を受けて「地域との関わり」とは異なる視点から今日の観光教育について考えていきたい。具体的には本論文の表題にも銘打った「創造型観光」という視点を取り入れて考えていく。「創造型観光」とは，第 5 節で詳述するが，一言でいえば旅行者が旅の目的や楽しみ方を創造する，これまでの消費的な観光とは異なる観光である。研究方法としては，筆者が顧問として関わる京都文教大学の「響け！元気に応援プロジェクト」という地域連携学生プロジェクトを事例に取り上げ，学生たちがコンテンツツーリズムに関わるなかで得た観光教育としての成果や気づきを明らかにする。このプロジェクトは，宇治を舞台にしたアニメ作品を活用してファンと地域をつなごうというプロジェクトであり，ファンの多くは主に県外から訪れることから，観光教育の事例として適合性が高いと考えられる。一般的に地域と学生の連携プロジェクトといえば，ともすれば「少しでも地域の役に立った」ということでその活動を意義づけてしまう場合もあると思われる。しかし本章では「地域への貢献」という点からは離れ，その活動を通して学生が何を学ん

---

2) 国土交通省資料「観光関連の学部・学科等のある大学一覧」〈http://www.mlit.go.jp/common/000059998.pdf（最終閲覧日：2016 年 9 月 30 日）〉より筆者が集計した。

3) 新潟経営大学ホームページ「観光経営学部について」〈http://www.niigataum.ac.jp/kankou（最終閲覧日：2016 年 9 月 30 日）〉。

98

だのかを明らかにしていきたい。そしてその考察をもとに，今日に求められる観光教育について論じてゆく。

2 事例研究

● 2-1 京都文教大学の地域連携学生プロジェクト

最初に，今回事例として取り上げる京都文教大学の地域連携学生プロジェクトの概要を説明する。同プロジェクトは，地域を対象とする学生の自主活動として学内公募し，選定され，支援・助成される活動である。活動の取り組み内容の基準としては，地域における活動であること，地域の住民・行政機関などと協働すること，本学教員のアドバイスなどが挙げられている（京都文教大学地域連携委員会・地域連携協働教育研究センター 2015）。

そしてこの活動を通した学生育成像として，「自律的に考え，行動し，成果を出す（試みる）人材」を掲げ，学生の社会性，コミュニケーション力，主体性などの獲得を目指すとしている（京都文教大学地域連携委員会・地域連携協働教育研究センター 2015）。

これらの趣旨に基づき，申請がおこなわれ，採択選考会を経て承認となる仕組みである。採択選考会は，学内の所轄組織となる地域協働研究教育センターの科員と複数名の学外審査員から組織され，書類審査，プレゼンテーション・質疑応答を経て採択される。2016 年 5 月の採択選考会では，今回事例として取り上げる「響け！元気に応援プロジェクト」のほかに，「商店街活性化隊　しあわせ工房 CanVas」「宇治☆茶レンジャー」「子どもの農業体験応援団」の計 4 プロジェクトが応募し，すべてが採択されている。

また同大学にはフィールド・リサーチ・オフィスという地域連携関係全般を担当する部署があり，これら学生プロジェクトのサポート業務をおこなっていることも特徴の一つである。

● 2-2 「響け！ 元気に応援プロジェクト」

1）プロジェクトの目的

「響け！ 元気に応援プロジェクト」（以下，響け PJ）は，2015 年 4 月に発足し承認された地域連携学生プロジェクトである。プロジェクト名にある「響け！」とは，2015 年 4 月より放映された宇治を舞台にしたアニメ『響け！ ユーフォニアム』[4]

にちなんで命名されたもので，設立の目的としては，アニメをきっかけに宇治に来訪したファンの方々に宇治のよさを知ってもらうため「ファンと地域の方々の橋渡しとなって作品の応援活動を展開し，それを通して宇治の町を盛り上げるお手伝いをしたい」(響け！元気に応援プロジェクト 2015) と述べられている。現在は約 30 名のメンバーで構成されており，主に学内ならびに京都文教大学が宇治橋通り商店街内に保有するサテライトキャンパスにて活動している。

　地域の主な連携先としては，宇治市商工観光課，宇治市観光協会のほか，京阪ホールディングスと連携活動をおこなっており，活動によっては宇治市社会福祉協議会，京都映画センター，宇治市文化センターとも協働している。

2) 活動内容

①イベントの主催・参加

　響け PJ の活動としてまず確認できるのが，キャラクターの誕生会の開催である。本作品の設定では，現在 19 名のキャラクターの誕生日が明らかになっている[5]。作品のキャラクターの誕生日にちなんでイベントを催す動きは，今日多くのアニメ聖地においてみることができ[6]，ファンが舞台の地域に来訪する大きな動機となっている。響け PJ においても，プロジェクト発足直後の 2015 年 5 月から 2017 年 8 月までに 14 回の誕生会が実施されている（表 5-1）。

---

4) 『響け！ユーフォニアム』は，2015 年 4 月から 6 月まで，全国の地方局，BS，TOKYO MX などで放映されたアニメ作品である。内容としては宇治市にある北宇治高等学校の低迷していた吹奏楽部が，新しい顧問の着任を機に全国大会を目指すというストーリーであり，作品の公式ホームページでは「吹奏楽部での活動を通して見つけてゆく，かけがえのないものたち。これは，本気でぶつかる少女たちの，青春の物語」と紹介されている（『響け！ユーフォニアム』公式サイト〈http://anime-eupho.com/（最終閲覧日：2015 年 11 月 11 日〉）。原作は宇治市に在住する大学生の小説であり，アニメを制作した株式会社京都アニメーションも宇治市の企業であったことから，舞台や背景として宇治の風景がふんだんに描かれている。

5) 「響け！ユーフォニアム 2」公式ホームページ〈http://anime-eupho.com/character/（最終閲覧日：2015 年 11 月 11 日〉）より。

6) アニメ『けいおん！』の舞台である滋賀県犬上郡豊郷町の豊郷小学校旧校舎群では毎年 6 回（現地インタビュー調査による，2015 年 5 月 23 日実施），アニメ『らき☆すた』の舞台である埼玉県久喜市鷲宮ならびに幸手市でも毎年複数回の誕生会がおこなわれている（鷲宮商工会ブログ〈http://www.wasimiya.org/birthday/（最終閲覧日：2015 年 9 月 23 日〉）より）。

表 5-1　響け！元気に応援プロジェクト　イベント活動記録

No.	年	月	主な出来事	会　場
(1)		4	「響け！元気に応援プロジェクト」発足	
(2)		5	高坂麗奈お誕生日会，開催（誕生会1回目）	ぶんきょうサテキャン宇治橋通り
(3)	2015	8	「響け！みんなのお楽しみ会」 第1部　響け！きみだけのメロディ！！―楽器にふれてみよう 第2部　響け！ジョイナス・ミニコンサート―京都文教大学吹奏楽部のミニ演奏会 第3部　響け！ハッピーバースデー―久美子・滝先生お誕生日会（2回目） 展示会　響け！みんなの愛ある展示会	宇治橋通り商店街各施設 第1部　丸五道場 第2部　妙楽広場 第3部　妙楽広場 展示会　ぶんきょうサテキャン宇治橋通り
(4)		9	中世古香織・塚本秀一お誕生日会，開催（3回目）	ぶんきょうサテキャン宇治橋通り
(5)		10	宇治橋通り商店街「わんさかフェスタ」に参加・オープニングパレードに横断幕を持ち行進 響け！きみだけのメロディ―楽器をつくろう	あの花サイト2011年4月22日
(6)		11	川島緑輝・小笠原晴香お誕生日会，開催（4回目）	ぶんきょうサテキャン宇治橋通り
(7)		12	田中あすかお誕生日会，開催（5回目）	ぶんきょうサテキャン宇治橋通り
(8)	2016	2	「響け！みんなのお楽しみ会」 第1部　響け！きみだけのメロディ―楽器にふれてみよう 第2部　響け！ジョイナス・ミニコンサート―京都文教大学吹奏楽部のミニ演奏会 第3部　響け！ハッピーバースデー―加藤葉月お誕生日会（6回目） 展示会　響け！みんなの愛ある展示会	宇治橋通り商店街各施設 第1部　宇治橋通り集会所 第2部　丸五道場 第3部　宇治橋通り集会所 展示会　ぶんきょうサテキャン宇治橋通り
(9)		5	響け！ジョイナス・ミニコンサート―北宇治高校OB吹奏楽団によるミニ演奏会 高坂麗奈お誕生日会，開催（7回目） 響け！みんなの愛ある展示会	コンサート・誕生会：丸五道場 展示会　ぶんきょうサテキャン宇治橋通り
(10)		6	響け！ジョイナス・ミニコンサート―北宇治高校OB吹奏楽団によるミニ演奏会 中川夏紀お誕生日会（8回目）	丸五道場
(11)		8	「響け！みんなのお楽しみ会」 第1部　響け！きみだけのメロディ！！―楽器にふれてみよう 第2部　響け！ジョイナス・ミニコンサート―北宇治高校OB吹奏楽団によるミニ演奏会 第3部　響け！ハッピーバースデー―黄前久美子・滝昇お誕生日会（9回目） 展示会　響け！みんなの愛ある展示会	宇治橋通り商店街各施設 第1部　丸五道場 第2部　丸五道場 第3部　展示会　宇治公民館
(12)		9	（宇治文化センターでの「劇場版 響け！ユーフォニアム」特別上映会と同時開催） 響け！ジョイナス・ミニコンサート―北宇治高校OB吹奏楽団によるミニ演奏会 中世古香織・塚本秀一お誕生日会，開催（10回目） 響け！みんなの愛ある展示会	コンサート・誕生会・展示会 宇治文化センター大ホールロビー
(13)		10	宇治橋通り商店街「わんさかフェスタ」に参加・オープニングパレードに横断幕を持ち行進 響け！きみだけのメロディ―楽器をつくろう	宇治橋通り商店街

05　コンテンツツーリズムによる人づくり　*101*

表 5-1　響け！元気に応援プロジェクト　イベント活動記録（つづき）

No.	年	月	主な出来事	会　場
(14)	2016	11	響け！ジョイナス・ミニコンサート―北宇治高校OB吹奏楽団によるミニ演奏会 川島緑輝・小笠原晴香お誕生日会，開催（11回目） 響け！みんなの愛ある展示会	コンサート・誕生日会・展示会 宇治市生涯センター第1, 2ホール
(15)		12	（宇治文化センターでの「北宇治高校OB吹奏楽団」コンサートと同時開催） 響け！ジョイナス・ミニコンサート―北宇治高校OB吹奏楽団によるミニ演奏会 田中あすかお誕生日会，開催（12回目） 響け！みんなの愛ある展示会	コンサート・誕生会・展示会 宇治文化センター小ホールロビー
(16)	2017	2	「響け！みんなのお楽しみ会」 第1部　シンポジウム「「アニメ聖地巡礼」の意味を考える―『響け！ユーフォニアム』への人間学的アプローチ』 第2部　響け！ジョイナス・ミニコンサート―北宇治高校OB吹奏楽団によるミニ演奏会 第3部　響け！ハッピーバースデー―加藤葉月お誕生日会（13回目） 展示会　響け！みんなの愛ある展示会	京都文教大学 14号館14101教室 サロン・ド・パドマ 時習館前駐車場
(17)		8	「響け！みんなのお楽しみ会」 第1部　シンポジウム・宇治「ものがたり観光」連続講座「先人たちはいかにして源氏物語を楽しんできたか」 第2部　響け！ジョイナス・ミニコンサート―北宇治高校OB吹奏楽団＆京都文教大学吹奏楽部による合同演奏会 第3部　響け！ハッピーバースデー―黄前久美子・滝昇お誕生日会（14回目） 展示会　響け！みんなの愛ある展示会	京都文教大学 14号館14201教室 同唱館ホール 光暁館第1会議室 時習館前駐車場

　その内容の一例として，2015年8月に開催された「響け！みんなのお楽しみ会」（以下，「お楽しみ会」）をみてみたい（表5-2）。

　「お楽しみ会」は響けPJが企画・主催したもので，宇治市，宇治市観光協会，宇治橋通り商店街振興組合の協力を得て開催された。場所は作品の舞台にも近い宇治橋通り商店街内の公園と施設を使用しておこなわれた。プログラムは表5-2のような3部編成になっており，参加者数は第1部から順に40名，80名，60名であり，合計180名であった。

　このプログラムでは，第1部が地域の子ども，第2部が一般客・観光客，第3部が作品のファンと幅広い層が対象となっている。これは作品のことを話題としては知っているものの，アニメや吹奏楽のことはよくわからないといった地元住民に作品の世界観を共有してもらいつつ，同時にファンにお楽しみを提供することを目的としたためである。

表5-2 「響け！ みんなのお楽しみ会」プログラム

第1部	響け！ きみだけのメロディ！！──楽器にふれてみよう
	ストローを使った楽器作り，楽器のぬり絵大会などのこども向け企画。
第2部	響け！ ジョイナス・ミニコンサート
	京都文教大学吹奏楽部によるミニコンサート。作中曲などを演奏。
第3部	響け！ ハッピーバースデー──（黄前）久美子＆滝先生お誕生日会
	バースデーソング合唱・ケーキ披露／地元からの歓迎のごあいさつ／バースデーメッセージ一斉ツイート／吹奏楽部ミニ演奏／久美子＆滝先生への"愛"を語ろう／お楽しみ抽選会

　また響けPJは誕生日会以外の地域イベントにも参画している。10月に宇治橋通り商店街で開催された「わんさかフェスタ」では，メンバーの女子学生2名が北宇治高校の制服を着用し，作品のイラスト入りの横断幕を持ってパレードの先頭を行進した。またフェスタへのブース参加として楽器を作る子ども向けワークショップを開催し，200名の参加者を集めている。このように響けPJは，発足以来作品をテーマにファンと地元をつなぐ活動を積極的におこなっている。

　② SNSを使ったイベントや地元情報の発信
　ブログ「響け！ 元気にファンファーレ」は，響けPJが2015年6月18日に開設したブログである[7]。このブログのこれまでの更新回数は85回であり，閲覧者数は13,235名（1日平均16.5人）である。またツイッターは2015年6月24日に始められており[8]，これまでのツイート数は1,526回，フォロー数は1,427，フォロワー数は1,549である（2017年8月31日現在）。いずれのメディアにおいても，イベントなど企画の情報をはじめ，宇治の観光情報や祭礼の情報なども発信されている。またブログでは，作品の世界観を定点的に発信する「今日の久美子ベンチ」[9]という記事も定期的に連載している。

---

7) http://hibikejoinus.blog.fc2.com/ （最終閲覧日：2017年10月24日）
8) https://twitter.com/hibike_joinus （最終閲覧日：2017年10月24日）
9) 主人公の黄前久美子が折につけ立ち寄るベンチのことで，宇治川西岸の井川用水機場前にある。ファンが舞台探訪として頻繁に訪れる場所である。

05 コンテンツツーリズムによる人づくり　*103*

3）響けPJの役割

　以上でみた響けPJの活動を整理してみると，響けPJは現在，作品を媒介にファンと地元民をつなぐ役割を担いつつあると考えることができるだろう。先にみた「お楽しみ会」では，各3部が子ども，一般客・観光客，作品ファンと各々異なる客層を対象としていた。もちろん各部のプログラムは，対象客向けの内容になっているのだが，実際には第1部から参加する作品のファンや，第3部に参加した地元住民や中高校生も多くあった。「お楽しみ会」という場面が，そのような通常は発生しない地域住民とファン（観光者）の混淆を生み出したのである。そこではアニメや吹奏楽を媒介にして，ファンと地元住民・地元学生が世界観を共有し，それに対する共感が緩やかに形成されたものと考えられるだろう。

3 　考察：事例からの発見

● 3-1 「自己の客体化」の必要性

　本節では前節で紹介した響けPJの活動に対して，参与観察的な考察をおこなっていきたい。

　先に述べたように，響けPJの活動の目的は，アニメをきっかけに宇治を来訪したファンの方々に宇治のよさを知ってもらい，さらなる来訪によって宇治の町を盛り上げることであった。そして響けPJがファンと地域の橋渡しとなる，という位置づけであった。

　しかしながらこれは，響けPJがファンと地域のどちらの立場でもない中間点に位置するという意味ではない。響けPJのメンバーは全員が作品のファンであったが，団体の活動としては，「最もファンの気持ちが理解できる地域の代表」としての立場をとったのであり，その意味では明確に「地域側」の立ち位置であった。そのうえで，アニメやファンについての事情がわからない地元行政，地元住民を水平的につなごうと意図したのである。つまり響けPJメンバーにとってこの活動は，これまでの消費者側（観光者側）としての立場ではなく，地域側（もてなし側）に立って考えようとした活動であった。

　さて前述したように，響けPJの活動で中心となっているのは，アニメのキャラクターの誕生会などのイベント開催である。彼らは地域側（もてなし側）としてファン（観光者）の本音や要望を知るために，イベントのたびにアンケートを実施した。そしてその要望にできるだけ応えることで，満足度を向上させようと考えたの

表 5-3 響け PJ のイベントアンケートの回答とその対応例

● 2015 年 12 月誕生日会のアンケートより
「名前が分からない人が多いので，話していない人がたくさんいました。名前が分かるよう名札を配るなどして欲しい」。
(響け PJ の対応)
2016 年 2 月のイベントより参加者に名札を配るように改善された。また同年 8 月のイベントでは，予約済の方にはイラスト入りの名札を用意するように再度改善された。
● 2016 年 2 月誕生日会のアンケートより
「参加者も増えてきたので，宇治文化センター，太陽が丘でイベントを行うのも良いかもです」。
(響け PJ の対応)
2016 年 8 月のイベントは宇治公民館に，同年 9 月のイベントは宇治文化センターに会場を移して実施された。
● 2015 年 12 月誕生日会のアンケートより
「初参加の人は緊張している方が多いと思うので，もう少し気軽に声掛けをして欲しいです」。 「景品を渡すときには「おめでとうございます」って言ってあげて下さい」。
(響け PJ の対応)
2016 年 8 月のイベントより運営マニュアルに指摘された内容を組み込み，スタッフ全員で実行している。

である。表 5-3 にその例を数件挙げる。

　このように，彼らはアンケートに書かれた課題を理解し，一つひとつ解決していった。その結果，参加者が増加していった。第 1 回目に 5 名から始まった参加者は，第 10 回目には 150 名を数えるようになった。これはもちろん催事としてのクオリティが向上したことによるものとも考えられるが，ファンの満足度は，実はこのような細かい部分の要望をいかに丁寧に拾い上げることができるか，すなわち自分たちの声が相手に届いているという充足感にかかっている，ということの証明でもあった。

　しかし同時に彼らは，すべてのファンの要望がアンケートによって理解できるわけでもないということにも気づき始めていた。もとよりアンケートはその場に参加している人に対するものであり，まだ参加していないファンの声はそれによって知ることはできない。尋ねる，聞くという行為は，重要ではあるが限界がある。したがってファン（観光者）の本音や要望を継続的に知るためには，何よりも自分自身がファン（観光者）として何を望んでいるのかをあらためて深く考え，それを客観的に知る必要がある。これは言い換えれば，逆の立場に自分を置いてその要望を探

るという「自己の客体化」が必要であるという気づきであった。

　響け PJ の学生がもてなし側に立って知りたかったことは，実は自己を客体化することで初めて知ることができる自分自身の観光者としての本音や要望であった。まずこの点を参与観察から得た考察結果として指摘しておきたい。

● 3-2　「自己内省に基づく高い達成意欲」の必要性

　本項では先に述べたアンケートに加えて，響け PJ がイベントごとにおこなっていた振り返りの記録をもとに，もてなし側と観光者側の関係性について考えていきたい。

　響け PJ では発足以来イベント終了ごとにメンバーによる振り返りをおこなっており，そこでの気づきを活動の質の向上に役立てている。以下その一例として，2016 年 5 月の誕生日会時の振り返りから抜粋したものを記す。

【良かった点】
1. 誕生会の司会の力が向上しており，スムーズだった。
2. 急遽の対応にも個人で動いてくれるスタッフが多くなった。
3. ゲスト出演してくれた楽団の演奏が本格的だった。
4. プログラムで行った一斉ツイートで，＃響け PJ がトレンド入りした。

【悪かった点】
5. 終わった後のお客様の誘導の仕方を考えていなかった。
6. 手伝ってもらっている大人の方への対応が不足していた。
7. 企画したクラフト作成に興味を示した人が皆無だった。
8. 受付での誘導を担当外のスタッフも手伝ったが，うまくいかなかった。

　これらの振り返り時に出された意見を，それに取り組んだ「意欲」と結果の「完成度」の 2 軸で区分してみたい（図5-1）。まず意見 1，2 については，取り組んだ意欲も高く，結果の完成度も高かった。もてなし側としての高い達成感が感じられたと考えられる。これを「達成」と区分する。次に意見 3，4 については，取り組んだ意欲は低かったが，結果の完成度は高かった。すなわち好結果は偶然の要素によるものが大きかったと考えられるだろう。これを「偶然」と区分する。次に意見 5，6 については，取り組んだ意欲も低く，結果の完成度も低かった。これはもともと気

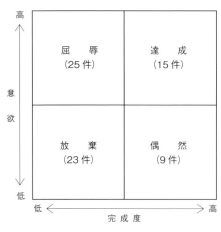

図5-1 もてなし側における「意欲×完成度」マトリクス（2016年5月誕生日会の振り返りから）（筆者作成）

がついていなかったり，必要性を感じていなかったりしたためと考えられるだろう。これを「放棄」と区分する。次に意見7，8については，取り組んだ意欲は高かったが，結果の完成度は低かった。これは努力をしたのだが，結果が出なかったということである。これを「屈辱」と区分する。この分類をもとにこの回の振り返り意見全体を整理すると，「達成」15件，「偶然」9件，「放棄」23件，「屈辱」25件であった。

この結果をみると，以下の2点が指摘できるだろう。

まず1点目は，完成度が低い領域に属する意見が，完成度が高い領域に属する意見を大きく上回ることである。前者は「放棄」と「屈辱」を合わせて48件であるのに対し，後者は「達成」と「偶然」を合わせて24件である。これはもてなし側としていかに不十分なことしかできていないか，という自意識を表している。

次に2点目は，意欲が高い領域に属する意見が，意欲が低い領域に属する意見を上回ることである。前者は「達成」と「屈辱」を合わせて40件であるのに対し，後者は「偶然」と「放棄」を合わせて31件である。これはもてなし側として意欲は高く保っている，という自意識を表している。また「意欲」の強さはタテ軸の高低で表しているものの，どこに対して作用するのかという方向性としては，明らかに左から右に作用する性質をもっている。すなわち「意欲の高さ」は，くじけずに「達成」に至れるように努力する意志を内包していると考えることができる。またさらに，「放棄」の性質にも注目する必要がある。先に記した意見5，6の内容をみてみると，確かに積極的に取り組む意欲には欠けているものの，それは単にそのことに気がついていないだけと理解できるものが多く，次回以降は高い意欲をもって取り組まれることが期待できるものが多いと考えられる。したがって，意欲が高い領域に属する意見は，実態としては数値以上に高値であると想像できるだろう。

これらの点を併せて考えると，次のことが指摘できるだろう。すなわち，学生た

ちは，もてなし側としていかに不十分なことしかできないか，それでもくじけずに「達成」に至れるように努力しなければならないか，ということを活動を通して学んだのである。このような自己内省に基づく高い達成意欲が自覚され定着していったことを，第二の考察結果として指摘しておく。

● 3-3　考察のまとめ

本項では響け PJ への参与観察によって，メンバーに二つの気づきが生まれたことを見出した。「自己の客体化」の必要性と，「自己内省に基づく高い達成意欲」の必要性である。これらを合わせ，換言すると次のようになるだろう。すなわち，もてなし側としてクオリティを向上させるには，観光者の声を傾聴するとともに観光者としての自分の声を呼び起こし，耳を傾けることが必要であり，現状のもてなしが不十分であることに挫けることなく，高い達成意欲をもち続けることが重要，という気づきである。

しかし観光が，その構造として，観光者ともてなし側の双方が関わる現象である限り，もてなし側だけの努力によって双方が満足のいくものとして成立するわけではないだろう。そこには観光者としての何らかの資質の向上や成熟が必要になってくるのではないだろうか。次節ではこの点を考察するために，観光者側における分析枠組みを構想し，考えていきたい。

4　「観光者としての教育」の必要性

● 4-1　観光者の満足と資質

前節では，もてなし側における分析枠組みとして「意欲×完成度」のマトリクスを提示したが，本節ではそれに対応する観光者側における分析枠組みを構想してみたい（図 5-2）。まず図 5-1 で横軸にとった「完成度」は，観光者にとっては旅の現場において示された現象の結果であり，それをどう受け止めるかという点にのみ自由度がある。その意味ではそれを受け止める許容幅を示す「寛容性」という指標が対応すると考える。次に図 5-1 の縦軸である「意欲」は，もてなし側の意志の強弱を示しており，その意味では観光者の旅に対する意志の強弱を示す「期待」という指標が対応すると考える。したがって，本節では「期待×寛容性」のマトリクスを観光者側の分析枠組みとして提示する（図 5-2）。

まず期待が低く寛容性も低い観光者は，結果の優劣に関わらず満足せず，無感動

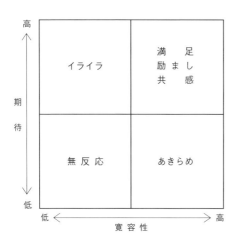

図 5-2　観光者側における「期待×寛容性」マトリクス（筆者作成）

な性格をもつと考えられる。これを「無反応」と区分する。次に期待が低く寛容性は高い観光者は，結果が悪くても受け入れるが，それは満足したからではなくしかたなく容認したからと考えられる。これを「あきらめ」と区分する。次に期待は高く寛容性は低い観光者は，イライラする場合が多く，結果が悪い場合には激高したりする性格をもつと考えられる。これを「イライラ」と区分する。そして期待が高く寛容性も高い観光者は，好結果のときには満足し，結果が悪い場合にもアドバイスや励ましをおこなう性格をもつと考えられる。そしてもてなし側との共感が生まれうるのもこの領域だろう。これを「満足・励まし・共感」と区分する。

　このように整理すると，観光者の満足は，期待と寛容性の両方が高くないと発生しにくいということがわかる。言い換えれば，観光者は観光への期待ともてなし側への寛容性を高めることにより，観光における満足度を自らの力で上げることができる，ということである。これを，観光者側における分析枠組みを用いた考察結果として指摘しておく。

● 4-2　双方が満足のいく観光とは

　ここで前掲した二つのマトリクスを並べてみてみる（図 5-3）。

　二つの図を並べてみると，観光者が満足し，もてなし側も達成感を感じる状態，すなわち双方が満足のいく状態は，右上の領域が重なったときに初めて生まれるということがわかる。

　この領域が重なったときに生まれる観光は，もてなし側の意欲と完成度が高く，観光者側の期待と寛容性が高い状態でおこなわれる観光である。さらにこれらの資質は相互に作用し合う。すなわち，地域側のもてなしによって観光者の期待が満たされ，観光者の寛容な精神から生まれた共感によって地域側の意欲が喚起・継続されるような関係が生み出されると考えられる。それは極めて良質な観光の関係性で

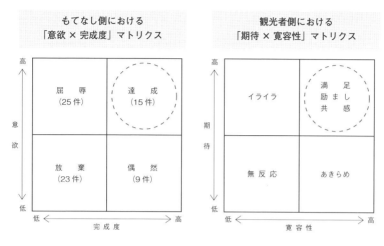

図 5-3 もてなし側と観光者側のマトリクス比較（筆者作成）

あるということができるだろう。観光者ともてなし側の双方が，その場に生まれる観光の価値を評価し，互いの共感へと発展させてゆく関係性である。

このように考えると，双方が満足のいく観光の状態を実現するためには，観光者側における「期待」や「寛容性」という資質の成熟，言い換えれば観光者としての成熟が不可欠であることがわかる。ではこれをわれわれは観光教育としてどのように捉えていけばよいのだろうか。最後にこの問いを，今日の観光の潮流を確認しながら探っていきたい。

5 創造型観光における観光教育

● 5-1 これまでの観光教育

今日の観光教育の潮流として，まず大学においては，本章の冒頭に挙げた地域振興に寄与する観光人材という方向性が確認できる。また観光庁の観光教育における方針をみてみると，観光産業のマネジメント人材育成を目指した「観光経営マネジメント人材育成」，地域での観光と地域づくりに直接携わる人材育成を目指した「観光地域づくり人材育成」などの施策が示されている。これらは総じて，「もてなし側」として有能な人材を育成しようという方針であり，それが地域レベル，国家レベルでおこなわれていると理解できる。有能な「もてなし」人材によって，当地を

訪れる人たちに良質な観光を提供し，消費してもらおうという構図である。

　しかしこのように観光を「地域資源を商品として取引・消費する仕組み」と捉え，アクターを「生産者／消費者」の二項対立とする認識には，山村（2009）が指摘するように，現実と大きな開きがあると考えられる。山村はその根拠として，次の4点を挙げている。①地縁コミュニティが機能不全であるにもかかわらず固定的に認識されたホスト社会との乖離，②「よそ者」の地域振興における位置づけと「地域住民」の定義のあいまいさ，③近年発生しつつある旅行者主体の観光活動と二項対立発想との乖離，④数値的指標が重視されることによる旅行者の感性的部分の軽視，の4点である。なかでも本章が特に注目するのは③についてである。たとえば，本章の事例とも深く関わるアニメ聖地巡礼などの現象は近年急増しており，観光を二項対立として捉える既存の枠組みから発想を転換せざるをえない状況になっている。

　これは大きくは二つの点における変化を意味している。第一には，観光を主導するアクターの変化である。本章では紙幅の関係から詳述は避けるが，高度成長期からバブル期に至るまでは旅行会社などの「企業」が，バブル期以降 2000 年代半ばまでは「地域」が，観光の情報提供，商品の供給を通して観光を主導していた（片山 2015）。これらの時代においては，主導権は企業から地域に移ったものの，「地域資源を商品として取引・消費する仕組み」で観光を商品化したことには変わりはなく，「消費型観光」と呼ぶことができるだろう（片山 2015）。しかし情報社会（インターネットの使用環境が整った社会）となった 2000 年代半ば以降は，ほかのアクターからの情報提供や商品供給によらず，観光者自身が観光を主導するようになってきている。

　また第二には，主導するアクターの変化に伴う観光の価値に関わる変化である。2000 年代半ば以前の時代は，発地型商品や着地型商品など商品に違いはあったとしても，観光者以外のアクター（企業，地域）が設定した価値を，観光者が旅行商品を通して購入するという構図であった。しかしながら 2000 年代半ば以降は，アニメツーリズムやボランティアツーリズムなど観光の目的や価値を観光者自身が探し，構想し，創造していく観光が増加している。この観光者自身が観光の価値を創造するという変化は，観光の構図を消費型から大きく変化させるものであり，これらは「創造型観光」と整理することができるだろう。

　以上にみたように，今日の観光教育は，地域レベル，国家レベルにおいても「もてなし側」として有能な人材を育成しようという方針がとられているが，これは観光の形態が消費型観光であることを前提としており，創造型観光という今日起こり

つつある変化が見過ごされていると指摘できるだろう。

● 5-2　創造型観光における観光教育

それでは創造型観光における観光教育に必要な要素は，どのようなものなのだろうか。

創造型観光における観光者は価値の創造者である。そして創造型観光における観光行為とは，観光者の価値観と地域の文脈との融合であり，共有である。

たとえば，本章が事例として挙げた宇治では，宇治のこれまであまり注目されてこなかった吹奏楽という文脈[10]が，ファン（観光者）によって大きく評価されている。2016年4月に開かれた地域の中学校・高等学校が出演したコンサートには，定員の1,300名を大きく超える観客が押し寄せた。さらに2015年10月に地元商店街がおこなった毎年恒例のフェスタのテーマとして吹奏楽を設定したところ，来場者が約5,000人増加した。また吹奏楽以外の宇治の文化にも興味と関心が集まっている。筆者のゼミが2015年におこなった宇治への観光者に対するアンケート[11]によると，宇治に6回以上訪れた観光者には町の歴史や町並み，お茶などに対する興味が，初回や2-5回目に比べて増加するという傾向が確認できている（表5-4）。

このように創造型観光における観光者は，地域の文脈を自分の価値創造の舞台として活用したり，地域の文脈を理解しそこに自分の価値観を重ね合わせたりしている。これが，観光者としての成熟につながっていく。ここに導くのが創造型観光における観光教育である。すなわち「観光者としての成熟」のための教育が求められ

---

10) 宇治は元来，吹奏楽が盛んな地域である。たとえば2001年の京都府吹奏楽コンクールに出場した校数をみてみると，宇治市からは小学校が1校，中学校が9校，高校が4校の計14校が出場している。これを人口比で京都市と比較すると，宇治市の小学校は19万人につき1校，中学校は2,111人につき1校，高校は4万7千人につき1校であるのに対して，京都市は小学校では29万人につき1校，中学校は4,323人につき1校，高校は7万人につき1校であり，宇治市からは人口あたりの出場校数が京都市に比べ2倍近くも多いことがわかる。さらに2015年の出場校数をみても，宇治市から出場した校数は2001年と同数であり，人口あたりの校数もほぼ2001年と同じである。この数値は，宇治市では以前から今日に至るまで，小・中・高いずれにおいても吹奏楽が盛んであることを示している。さらに，宇治市には「ママさんブラスUji」や「宇治市民吹奏楽団」といった社会人の吹奏楽団も存在しており，幅広い年齢層で吹奏楽という文化を継続してきたということができるだろう。

11) 実施期間は2015年7月26日〜12月26日。質問紙据え置き型アンケートであり，宇治観光センターの「響け！ユーフォニアム」コーナーにて実施した。

112

表5-4 「宇治への来訪動機」訪問回数別集計（「宇治来訪者アンケート」をもとに，筆者作成）

回答内容	総　合		初めて来訪		2-5回		6回以上	
	回答数	比　率	回答数	比　率	回答数	比　率	回答数	比　率
1. 平等院を見るために	81	18.3%	46	26.1%	18	8.7%	5	9.8%
2. まちの歴史と文化を楽しむために	90	20.3%	33	18.8%	41	19.9%	14	27.5%
3. アニメ『響け！ユーフォニアム』の舞台だから	413	93.2%	172	97.7%	196	95.1%	39	76.5%
4. お茶を楽しむために	70	15.8%	24	13.6%	29	14.1%	16	31.4%
5. その他	39	8.8%	8	4.5%	16	7.8%	11	21.6%
(参考) 回答数合計	693		283		300		85	
(参考) 回収した回答書枚数	443		176		206		51	
(参考) 1枚あたりの平均回答数	1.6		1.6		1.5		1.7	

るということである。

　それを実現するためには，さまざまな工夫が必要になるだろう。たとえば観光者の素養・資質として，「地域への期待の増加・過多な要望の抑制」や「寛容さの重要性」などを理解することは，言葉を使っただけの教育方法では困難であろう。それは自分がもてなす側に立つことで，初めて理解が進むのではないだろうか。その意味では，本章で事例に挙げたような地域連携学生プロジェクトへの参加などは有効な手法と考えられるだろう。

　また，消費者としての観光者ではなく，創造者としての観光者を理解するための教育も必要である。そのためには観光に対する文化論的なアプローチや社会学的なアプローチも有効といえるだろう。

6　おわりに：創造型観光における観光教育の目指すもの

　今日の情報社会の発達に伴い，観光者は，個人化，多様化，能動化しているといわれる（須藤 2005；岡本 2013）。ポストモダン以降「大きな物語」（リオタール 1986）を失った現代人は，多様な選択肢のなかから個々に何かを選択せざるをえない「能動性」をもつようになっている（東 2001）。そのような状況において「能動的」な観光者が現れたということである。そして今日の社会では，「大きな物語」が機能不全となったことにより再帰的な個人主義が現れ，その結果排他的な性格が強

調された「島宇宙」が林立している（岡本 2013）。大澤（2008）のいう「不可能性の時代」である。

しかしそのなかで，観光が他者性をもった他者との交流の回路になりうるのではないかという主張も生まれている（遠藤 2010；岡本 2013）。遠藤（2010）は，観光のもつ「遊び」＝「戯れ」という無為性が，異質な価値観をもった者同士が共存できる公共圏の形成につながる構図を構想している。また岡本（2013）は，コンテンツツーリズムなどで展開される「n 次創作観光」によってつながりが創出される可能性を論じている。浅野（2011）は，友人関係などが親密化を強めるなか，公共性との橋渡しとなる存在として「趣味縁」に注目し，そこから展開される社会参加の可能性を論じている。

今日の創造型観光における観光教育が目指すものを考えるとき，つまるところ求められているのは，これらの議論にあるような「観光が他者との関係構築において有効に機能する」という期待であり，それを実現するための観光教育なのではないだろうか。遠藤（2011）は，観光は現代社会の徴候が先鋭的に現れる場（トポス）である，と指摘している。もしそうであるならば，最も今日的な「他者との関係構築」という課題において，観光という先鋭的なフィールドが突破口となる可能性もあるのではないだろうか。

今日において観光を教育する意義と責任は，ますます大きくなってくるものと思われる。

【引用・参考文献】

浅野智彦（2011）．『趣味縁からはじまる社会参加』岩波書店
東　浩紀（2001）．『オタクから見た日本社会』講談社
遠藤英樹（2010）．「観光の快楽をめぐる「外部の唯物論」―「遊び」＝「戯れ」を軸とした社会構想」『奈良県立大学研究季報』*20*(3), 79-101.
遠藤英樹（2011）．『現代文化論―社会理論で読み解くポップカルチャー』ミネルヴァ書房
大澤真幸（2008）．『不可能性の時代』岩波書店
岡本　健（2013）．『n 次創作観光―アニメ聖地巡礼／コンテンツツーリズム／観光社会学の可能性』北海道冒険芸術出版
片山明久（2015）．「消費型観光の限界と地域社会のディレンマ―創造型観光のはじまり」井口　貢［編］『観光学事始め―「脱観光的」観光のススメ』法律文化社，pp.48-61.
京都文教大学地域連携委員会・地域連携協働教育研究センター（2015）．「地域連携学生

プロジェクト 2015　応募要項」

須藤　護 (2005).「観光の近代と現代―観光というイデオロギーの生成と変容」須藤
　　護・遠藤英樹［編著］『観光社会学―ツーリズム研究の冒険的試み』明石書店,
　　pp.42-91.

日本観光研究学会［編］(2014).『第 29 回日本観光研究学会全国大会研究発表論文集』
　　日本観光研究学会

日本観光研究学会［編］(2015).『第 30 回日本観光研究学会全国大会研究発表論文集』
　　日本観光研究学会

響け！元気に応援プロジェクト (2015).「地域連携学生プロジェクト申請書・事業計画
　　書」

山村高淑 (2009).「観光革命と 21 世紀―アニメ聖地巡礼型まちづくりに見るツーリズム
　　の現代的意義と可能性」『CATS 叢書―観光学高等研究センター叢書』1, 3-28.

リオタール, J.-F.／小林康夫［訳］(1986).『ポスト・モダンの条件―知・社会・言語ゲ
　　ーム』書肆風の薔薇

06 観光まちづくり人材としての ファシリテーターの役割

滋野浩毅

1 はじめに

　まちづくりや地方自治体の政策策定の現場において，「市民参加」「協働」が謳われるようになって久しい。しかし，その実態は，行政や施策に対して不満のある人たちの「ガス抜き」であったり，すでに決定している施策に対して「市民の意見を聞いた」ということを演出する「形だけの市民参加」であったり，「安上がりな下請け先としての市民やNPO」であったりと，実は真の協働型社会の実現にはほど遠いのが現状である[1]。

　一方の市民も，かつての「告発・要求型まちづくり」（織田 2005：115-120）を乗り越え，課題解決に向けて事業を立ち上げたり，話し合いの場を設け，異なる意見や価値観を話し合うなかで共通善を生み出しながら地域の課題解決を図っていく，という動きが主流になってきているようにもみえる。しかし，その理論や手法はこの10年ほどで洗練され，実践され，普及してきてはいるものの，社会全体としては，地域や社会の課題解決に向けての努力や活動にただ乗りしている人が多数を占めているというのが現状ではなかろうか。

　織田直文（2005）は，まちづくりを「地域構成員が，地域を良くするために心を

---

1) アーンスタインは，参加の段階に関する「8段梯子」モデルを提示した（Arnstein 1969）。この8段梯子は，「参加不在」「形だけの参加」「市民権力としての参加」の大きく三つの部分に分けられ，それがさらに細分化され，八つの段階になっている。もっとも，アーンスタインの「8段梯子」の提示からは半世紀近くが経っており，現代に合った形での参加の段階のモデル提示，あるいは協働についての視点も入れるべきであろう。

通わせるコミュニケーションを形成する場を形成する活動」であり，「多様で複雑な
まちづくりの課題をこの場を手がかりとし，地域の実態に即して解決しつつ，住民，
地元行政，企業などの地域構成員が，歴史・自然などの地域の固有性に着目し，地
域という空間・社会・文化環境の健全な維持と改善・創造のために主体的に行う連
続的行為」であるとしている。このことを踏まえたうえで，織田は「まちづくりは，
人々が心を通わせ，その場に臨んで，具体的な問題を解決していく活動である」と概
念提示をしている（織田 2005：24-25）。織田が示したこの概念を少し「今流」に読
み替えて，まちづくり・地域づくりは，地域の課題発見と課題解決に向けたデザイ
ンとその活動ならびにプロセスと捉えるべきである。そうすると，今日山崎亮らに
よって用いられ，広く知られるようになった「コミュニティデザイン」（山崎 2012）
や，今日の大学教育において導入されるようになった PBL（Project/Problem Based
Learning）とも親和性のあるものとして考えることができよう。大学教育における
PBL がこれからの観光まちづくり人材を育成していくと期待されるのであれば，大
学が地域再生・活性化に果たす役割も大きいと考えられるが，実際の大学の現場で
は，そのための方法論を教職員が手探りで模索しているというのが現状である。

　地域や行政組織におけるまちづくりのアクターと，大学における PBL 教育の手
法に共通していえるのは，その人材育成が系統立ったものになっておらず，「現場
たたき上げの職人技」に依拠している割合が極めて高いことが問題であると考える。
もちろん，「職人技」を否定するつもりはないし，実際，地域の現場におけるアクタ
ー間の微妙なニュアンスや「さじ加減」など，勘や経験に頼らざるをえない部分も
少なからず存在する。

　現代はまちづくり・地域づくりの現場において，「カリスマ型リーダー」による強
いリーダーシップで地域を引っ張り，課題解決や事業の実現に導いていった時代か
ら，数多くの多様なアクターたちが「話し合い」で意思決定をし，課題解決のため
の活動をおこなっていく時代に移っている。そこでは，コミュニケーションを円滑
におこなうスキルが求められる。

　本章では特に「地域」側に主眼を置き，上記のような背景から，観光まちづくり
に求められる人材としてのファシリテーター，スキルとしてのファシリテーション
に着目し，筆者の取り組み事例の省察を中心に，まちづくりの現場で，ファシリテ
ーターが機能する場面，逆に機能しない場面などの叙述を通じて，観光まちづくり
におけるファシリテーターの役割を明らかにすることを目的とする。

　したがって本章は，先行研究を踏まえつつも，筆者のアクションリサーチがベー

スとなっている。なお，本章の内容は，筆者によるまちづくりの現場における取り組み事例が中心となっているが，目的はファシリテーション手法の精緻化を目指すものではない。事例の記述を読み解きながら，またそれらを比較検討しながら，ファシリテーターの地域における役割や彼らが機能する条件，また，地域におけるコーディネーター像との比較を試みるなかで，観光まちづくり人材としてのファシリテーター像を浮かび上がらせる。

2 「中間に立つ」役割を担う人材について

　本節では，第三者，中立，調整，といった立ち位置でまちづくり，地域づくりの推進役を担う役割のコーディネーター，ファシリテーターに関する先行研究をレビューする。また若干ニュアンスは異なるものの，「セクターを越える」「中間に立つ」役割を担うことが期待されている「地域公共人材」についても，比較のために言及する。

● 2-1　コーディネーター

　旧自治省（現総務省）の働きかけで，都道府県に地域づくり団体協議会とともに，「地域づくりコーディネーター」が設置されたのが1994年である。岡﨑昌之によると，地域づくりコーディネーターが必要とされるようになった背景として，市町村レベルの課題や，地域社会が抱える課題そのものが変化してきたことがある。それまでの地域づくりはハードな社会資本整備型の住民要求に基づく地域づくりのテーマが多かった。こうした住民要求を満たし，地域づくりの課題を解決していくためには，地域の有力的存在の地域リーダーが，行政と交渉したり，議員を動かしたりして，県や国に要求の実現を迫っていくという方法が手っ取り早い地域づくりであった。ところが，今日の地域づくりには，行政だけに依存することはもはや不可能なこと，地域づくりの担い手が多様化してきたこと，そして住民自らが意識を変えて地域づくりに取り組む必要性が出てきたことが背景としてある（岡﨑 2007：2-6）。

　織田は，自らの経験や独自の調査から，地域づくりコーディネーターについて，次のように定義している（織田 2007：167）。

> 地域に存在する多様な地域資源を活かし，地域づくりに様々な主体に働きかけを行い，それらを適切につなぎ，関係を調整し，新たな事業や地域づくりを創造していく推進役である。

また，地域づくりコーディネーターに求められる能力として，①愛する（地域への思い入れ（愛情）・情熱の持続力），②見つける（発見・評価能力），③つなぎ・整える（連携・関連付け・つなぐ能力・調整力），④信頼される（地域からの信頼力），⑤中立である（利害調整力），⑥調べる（調査分析能力），⑦夢を描く（地域ビジョン等の構想力），⑧つくる（企画立案・推進力），⑨伝える（表現力・説得力），⑩育てる（教育力）という10の能力を抽出している（織田 2007：176–180）。

特にまちづくり・地域づくりを担うコーディネーターは，その誕生の背景として新たな地域課題の発生がある。また，「第三者」ではあるものの，岡﨑が「あるときは地域づくりの当事者であったり，あるいは少し客観的立場であったり，ケースによって立場は異なる」と述べていたり（岡﨑 2007：6），織田がコーディネーターの10の能力のなかに「夢を描く（地域ビジョン等の構想力）」を挙げていたりするように，コーディネーター自身が，ビジョンを掲げたり，当事者として事にあたる可能性も残していることがわかる。

● 2-2　ファシリテーター

ワークショップなど，話し合いの場を円滑に回していく重要な役がファシリテーターである。ファシリテート（facilitate）とは，「ことを容易にする，楽にする，促進（助長）する」といった意味があるが，年齢や立場の違う人々が一つのテーブルを囲み，話し合いをおこなう際には，場の雰囲気を和ませたり，話し合いを促進したり，発言に思わぬ気づきを与えたりする役割が必要になってくる。こうした役割を担う人をファシリテーター（facilitator）と呼ぶ。

日本ファシリテーション協会のウェブサイトでは，ファシリテーション，ファシリテーターについて次のように紹介されている[2]。

> ファシリテーション（facilitation）とは，人々の活動が容易にできるよう支援し，うまくことが運ぶように舵取りすること。集団による問題解決，アイデア創造，教育，学習等，あらゆる知識創造活動を支援し促進していく働きを意味します。その役割を担う人がファシリテーター（facilitator）であり，会議で言えば進行役にあたります。

2）https://www.faj.or.jp/facilitation/（最終閲覧日：2019年3月7日）

また，ファシリテーターは，活動の目的を達成するための外面的なプロセスとメンバー一人ひとりの頭や心のなかにある内面的なプロセスの両方に関わり，相互作用を使って枠組みを打ち破り，人・組織・社会を変革する役割が期待され，場のデザイン，対人関係，構造化，合意形成の四つのスキルが求められる，としている[3]。

堀公俊（2004）によると，ファシリテーションの歴史は，1960年代にグループ学習によって学習を促す技法から始まり，これが教育系分野へと広がった。同時期にアメリカのコミュニティ・デベロップメント・センター（CDC）で，コミュニティの問題を話し合う技法としてワークショップやファシリテーションが体系化され，こちらは市民参加型のまちづくり活動へと受け継がれている。ビジネス分野での応用は，少し遅れて1970年代あたりからアメリカで始まり，現在ではファシリテーションが専門技能として認知されている。

また堀（2004）は，このような動きはほどなく日本にも入り，分野ごとに応用や研究がなされてきたが，ファシリテーションに関する書物が書店の店頭に並び，一般に普及するのは21世紀に入ってからのことであるという。

中野民夫は，西田真哉の野外教育における体験学習に関する記述を引きながら，ファシリテーターの条件として①主体的にその場に存在している，②柔軟性と決断する勇気がある，③他者の枠組みで把握する努力ができる，④表現力の豊かさ，参加者への反応の明確さがある，⑤評価的な言動は慎むべきとわきまえている，⑥プロセスへの介入を理解し，必要に際して実行できる，⑦相互理解のための自己開示を率先できる，開放性がある，⑧親密性，楽天性がある，⑨自己の間違いや知らないことを認めるのに素直である，⑩参加者を信頼し，尊重する，の10項目を紹介している。また中野は，この10の条件から，「（「先生」とは違い参加者と）水平な存在」「全体を見ている」「場のエネルギーを活性化させる」という特徴を挙げている（中野 2001：147-148）。

延藤安弘は，ファシリテーターを「開かれた討議の場作りの支援・促進をする人，その進行役，促進役，引き出し役，世話人」とし，わかりやすく「いけてる議長さん」「いけてる書記さん」であると述べている（延藤 2013：99）。

山崎亮は，ファシリテーターは「話し合いがうまく進むようにするための司会進行役」であるが，「単なる司会進行役ではない。発言しやすい雰囲気をつくったり，参加者同士が協力しやすくなるゲームをしたり，発言した本人が気付いていな

---

3) 前掲注2を参照。

かったような意見を引き出したりする」役割であるという（山崎 2012：196）。また，「ファシリテーターは単にその場に出た言葉をまとめるだけではなく，発言者自身も気づいていなかったような想いを引き出したり，出てきた言葉のなかに含まれる重要な点を磨き上げたり，夢物語のように聞こえるものを実現するための道筋を示したりするべき」であるとしている（issue + design project 2011：263-264）。

　また，森雅浩は，「ファシリテーションは誰かが何かをするのを容易にしたり，促進するために使われる。ファシリテーターとはこうしたファシリテーションを使う人を指す。大切なのは決断を下すのはメンバーであり，そして学ぶのは生徒であり，決してファシリテーターではないということだ」と述べている（中野ほか 2009：5-6）。

　こうしてみてみると，ファシリテーターは，携わったワークショップや話し合いの現場のなかで，自らにはその課題や解決策がみえていても，それを明示的に指示したり，自らが先頭に立って取り組みを推進させていくといったことは「やるべきことではない」という意見が多い。いずれも場づくりや話し合いの促進を通じて，あくまでも当事者の気持ちややる気に火をつけたり，心理的なハードルを下げたり，当事者に気づきを与えることがその役割であることがわかる。

● 2-3　地域公共人材

　京都の公共政策系大学・大学院などを中心に，2003 年から地域公共人材の育成と，「地域公共政策士」の資格教育・運営に関わる議論と取り組みがなされてきている。「地域公共政策士」とは，一般財団法人地域公共人材開発機構（以下，「COLPU」）が認証する公共政策分野の職能資格で，この資格取得者が地域公共人材として行政，企業，NPO など各セクターで活躍していくための知識やスキル，マインドなどの能力を育成するプログラムを，大学などの機関が設置して提供している。

　地域公共人材とは，産官学民の壁を越えて，さまざまな人たちによる協働を実現することができ，地域活動や政策形成を主導的におこなえる人材である。また，①「つなぐ能力（各セクター間の連携協力創造力）」，②「引き出す能力（人材発掘・企画・プロデュース力）」，③「生み出す能力（実践力）」を併せもち，地域課題の解決に挑む人材である[4]。

　京都文教大学では，初級地域公共政策士プログラムとして「地域マネージャー養成プログラム」「文化コーディネーター養成プログラム」「グローカル人材養成プロ

4）京都文教大学「2015 履修要項」pp.B II-60。

グラム」が設置され，それぞれ次の能力をもった人材の養成を謳っている。

●地域マネージャー養成プログラム
地域課題の解決のために，行政と地域住民の橋渡しをして，両者の協働を生み出すために，地域課題に関わるさまざまな人たちの利害を調整して，地域課題の解決に必要となる人材や資源を調達することができる人材。
●文化コーディネーター養成プログラム
地域のさまざまな文化情報をコーディネートすることにより，人と人との協働や地域と地域のつながりを生み出し，地域課題の解決に挑むことができる人材。
●グローカル人材養成プログラム
グローバルな観点で物事を考える能力を兼ね備えつつ，地域経済・社会（ローカル）の持続的な発展に情熱を注ぐ人材[5]。

　COLPU ならびに京都の複数の大学などで構成される「大学間連携共同教育推進事業」[6]でも，この地域公共政策士資格取得者の拡充と，資格取得者が実際に活躍できるフィールドや企業や行政機関などとの関係を構築し，実社会との接続を促進しているが，資格取得者が身につけた知識やスキル，あるいは公共マインドをキャリアのなかで活かしていけることを主眼に置いているという点において，コーディネーターやファシリテーターそのものの養成を主眼に置いているわけではない[7]。

---

5) グローカル人材養成プログラムはその後，「グローカル人材 PBL 演習」などを履修し，所定の手続きを踏むことによって「グローカルプロジェクトマネジャー（GPM）」資格を手にすることができる。
6) 2012（平成24）年度の文部科学省「大学間連携共同教育推進事業」において，龍谷大学を代表校とする，京都府内の9大学による取り組み「地域資格制度による組織的な大学地域連携の構築と教育の現代化」が採択され，2016（平成28）年度までの5年度間事業を実施した。この事業は，大学の立地数が少ない京都府北部地域における大学地域連携を推進することによって，大学機能を北部地域へ転化して地域課題の解決に資する仕組みを構築し，地域社会と一体となって地域公共人材の育成と活用を促進することを目指したものであった（ウェブサイト〈http://daigakurenkei.ryukoku.ac.jp/（最終閲覧日：2019年2月15日）〉を参照）。

● 2-4 ファシリテーターとコーディネーターの違い

　ファシリテーターの役割がコーディネーターと異なるのは，その起源の違いによって，期待される役割が異なるからである。コーディネーターが取り組みそのものをデザインすることで課題解決に導いていく役割を期待されるのに対し，ファシリテーターに期待されているのはあくまでも当事者たちのコミュニケーションをデザインすることによって，彼らの課題解決に寄与することに主眼が置かれていることである。また，『地域づくりコーディネーターによるまちづくりハンドブック』で紹介されている地域づくりコーディネーターのなかには，それに必要な資質として「ファシリテーション能力」を挙げている者もみられた[8]。すなわち，リーダーと異なり，現場においては「中立」で「黒子」的立場であることにおいては，コーディネーターもファシリテーターも共通しているが，コーディネーターの方が，より現場へのコミットメントの度合いが高い役割であると考えて間違いないだろう。もっとも現場においては，両者の混用も往々にして見受けられ，求められる役割についても両者とも「取組のデザイン」「コミュニケーションのデザイン」が期待されていることから，筆者も戸惑うことがあるが，先述のように，両者の起源の違いに端を発することを意識しながら今後の議論を進めていきたい。

　このように，まちづくり・地域づくりにおけるコーディネーター，ファシリテーターについての，特に実践者による著述は数多くみることができるが，観光まちづくりにおけるファシリテーターについて記されたものをみることはほとんどない。本章は，「観光まちづくり人材」におけるファシリテーターの役割，意義，有用性について新たな視点から論ずるものである。

　次節からは，筆者が関わったファシリテーター，コーディネーターの取り組み[9]について叙述していく。そのなかで，これまで教育の現場で用いられてきたファシ

7）地域公共政策士資格教育プログラムのなかには，コーディネーターやファシリテーターの能力を養成するプログラムやプログラムを構成する科目が，ほかの機関が提供するものを含め存在し，コーディネーター，ファシリテーターとして高いスキルを有する資格取得者も少なからず存在することを付記しておく。

8）十時裕氏は「地域づくりコーディネーターに必要なこと」として，四つの能力を挙げているが，そのうちの一つが「ファシリテーション能力，つまり合意形成能力である」と述べている（十時 2007：123）。

9）筆者も，紹介されるときに「コーディネーター」の場合，「ファシリテーター」の場合双方があるが，依頼者側も，両者を厳密に区別して使用しているようには見受けられないので，本章では「ファシリテーター」として扱う。

リテーターのスキルや特性をあらためて検討し，観光まちづくりに求められるファシリテーターの人材像を再構築していく。

3 筆者によるファシリテーションの事例

　本節では，筆者が公式，非公式を問わず関わってきたコーディネーター，ファシリテーターの経験ならびにその評価について，筆者の省察を加え叙述する。

● 3-1　伏見桃山・中書島ゆらふプロジェクト

　京都市の地方創生「まち・ひと・しごと・こころの創生」ホームページに掲載されている「まちづくりお宝バンク」に，京都文教大学の伏見・宇治観光連携研究

お宝 No.69 公共交通機関を活用した伏見・宇治観光ネットワークの構築

伏見・宇治観光連携研究会

　京都市には，世界中の人々が憧れる観光資源がありますが，その中でも，近年，外国の観光客が最も多く訪れるのが「伏見稲荷」です。

　伏見稲荷は京都市伏見区にありますが，伏見の魅力は，伏見稲荷だけではありません。「伏水」といわれていた豊かな水と自然の恵みを結びつけた「日本酒」や「京野菜」。これらを造り流通させるために，築き上げてきた酒蔵や水路，魅力溢れる商店街や歴史を味わえるまち。

　しかしながら伏見は，嵐山周辺や東山などをはじめとする市内北部に比べ，まだまだ知名度が低く，地域のポテンシャルを十分に発信できていないのが実情です。

　一方，京都駅は，京都市最大のターミナル駅として，利便性の向上や安全で快適な歩行者空間の創出を目指して，京都の玄関口にふさわしい京都駅南口駅前広場の整備事業が進められており，平成 28 年度には完成する予定です。

　そこで，平成 28 年度完成予定の京都駅南口駅前広場のリニューアルを契機に，京都の玄関口と伏見の魅力ある観光スポットを直結する新たな交通ネットワークの構築について研究し，それによって観光地としてはまだまだ知名度が低い京都市南部の魅力に触れていただくとともに，広域連携として市域を超えて宇治エリアにも観光ネットワークを拡大し周遊性を高め，さらなる魅力向上を目指します。

　公共交通機関を活用したネットワーク構築を図り，地域の観光と産業を振興するためには，ハード整備のみならず魅力的な観光プログラムや外国人を含む観光客の受け入れ体制の整備など，総合的に取り組むべき課題がたくさんあり，いろいろな立場の皆さんと一緒に検討や取組を進めていきます。

　伏見区をさらに魅力あるまちに発展させるため，区民の皆さんや企業の知恵と力を募り，行政にも支援をいただきながら，オール伏見で京都創生に参画しませんか。

図 6-1　「公共交通機関を活用した伏見・宇治観光ネットワークの構築」の提案文 [10]

会から「公共交通機関を活用した伏見・宇治観光ネットワークの構築」の提案（図6-1）をしたのが本プロジェクトの始まりである。以下に紹介しよう[11]。

伏見区エリアでは、伏見稲荷大社の知名度が上がり、インバウンド観光客の間では、京都で訪問した観光スポットのなかでも常に上位の人気観光地になった[12]。しかし、洛中からみると、「その先」にある伏見桃山・中書島エリアへの誘客や、宇治も含めた京都駅以南の広域観光の開発には十分につながっていないという課題がある。また、2016（平成28）年度に、京都駅南口駅前広場の整備が完成したことで、京都駅以南へのアクセスの改善が見込まれる。そこで、京都駅と伏見地域とを結ぶ交通ネットワークの構築とそれらを利用した観光誘客について考え、地域が主体となって、観光誘客に向けた行動に移すプロジェクトを立ち上げることになった。プロジェクトでは、地元商業者、行政（伏見区役所）、交通事業者（京都市交通局）、観光協会、大学（京都文教大学）などが中心メンバーとなり、公共交通を利用した、伏見桃山・中書島地域への観光誘客とその増加を目指す「観光MM」[13]の取り組みをおこなっている。

2015、2016年度に開催された計11回の会議の概要は表6-1、また京都駅と伏見地域を結ぶバス路線の概要については図6-2のとおりである。

筆者は、表6-1のとおり、16回の会議でファシリテーションをおこなった。会議の内容や進捗について考察したところ、以下のことが仮説として考えられる。

①伏見桃山・中書島方面へのバス路線開設までの「第7回会議まで」と、バス路線開設後の「第8回会議以降」とでは、プロジェクトの目標・動き、意識に若干の変化がみられる。

---

10) 「みんなでつくる京都」ウェブサイト〈https://tsukuru-kyoto.net/bank/69-2/（最終閲覧日：2017年9月6日）〉より筆者作成。

11) 「伏見桃山・中書島ゆらふプロジェクト」に関する記述については、京都文教大学、京都市交通局からの配布資料ならびに筆者のフィールドノートなどから作成している。

12) 『京都市観光総合調査 平成27年（2015年）1月〜12月』によると、外国人観光客が訪れた訪問地トップ25の第5位。

13) MMとはモビリティ・マネジメントの略。「ひとり一人のモビリティ（移動）が、社会的にも個人的にも望ましい方向に自発的に変化することを促す、コミュニケーションを中心とした交通政策（たとえば、過度な自動車利用から公共交通・自転車等を適切に利用する方向）」のこと（土木学会土木計画学研究委員会土木計画のための態度・行動変容研究小委員会 2005）。

「第7回会議まで」は「バス路線開設」という大きな共通の目的があったが（必ずしも積極的な関与ではないが），「第8回以降」は，構成メンバーが共通して取り組めるコンセプトを見出しきれていない。

それでも，「マップ作成」を決定した「第12回以降」は，会議に参加している各アクターにおいて，具体的なアクションに向けた動きがみられる。

②交通事業者（京都市交通局）の「本気度」がプロジェクトの推進に寄与した。

伏見桃山・中書島エリアへの市バス新路線開設の意思はあったが，地元の熱意の有無が最大のネックであった。ゆらふプロジェクトは，プラットフォームとして，バス路線開設に向けた合意形成に寄与した。また，路線開設後も，利用促進，伏見桃山・中書島エリアへの観光誘客のためのさまざまなPR活動に一肌脱いでくれている。

③ 地元商業者の姿勢が基本「受け身」である。

京都の錦市場や大阪の黒門市場のような「観光化」が進んだ商店街や，有名観光地周辺の観光客を相手に土産物などを扱う店が多く立ち並ぶ商店街を除き，商業者は，観光客というのは商店街の顧客ではないと考える傾向があるように見受けられる。プロジェクトとしての決定事項である「伏見PRキャンペーンの開催」についても，その当日，地元商業者の参加はみられなかった。こうした傾向は，筆者がこれまで携わった商店街活性化に関わるまちづくりの現場でも，ゆらふプロジェクト会議での発言からも同様の傾向があるように思われる。その理由としては，観光客相手の商売は，季節ごとの変動が大きいこと，土産物や飲食店などを除き，観光客は商店街でお金を落としてくれるわけではないこと，商店街のなかに観光によって恩恵を受ける業種とそうでない業種との差が生じるため，商店街をあげて観光振興をすることが難しいこと，商店街，あるいは商店街にある店舗にとって，主な顧客は「一見さん」としての観光客なのか，それとも馴染みの固定客なのか，その見極めや対応の方針が定まっていないことなど，複数の理由が絡み合っている。

④インバウンド対応についての関心は薄い。

③と同様，インバウンドを「顧客」として捉えることについてその対応の仕方に戸惑っている，あるいは消極的である。行政，とりわけ観光振興のセクションは，インバウンドの誘致に熱心であるが，その熱意が商業者には伝わらない，あるいは関心を寄せないように見受けられた。

表 6-1　伏見桃山・中書島ゆらふプロジェクトのこれまでの活動

	開 催 日	参加人数	主な議事内容
第 1 回	2015.10.21	28	・メンバー紹介。 ・参加者，各団体の取り組み・今後の活動の共有。
第 2 回	2015.11.4	22	・市バス伏見路線が開通した際に具体的にできることについて意見交換。
第 3 回	2015.11.25	21	・3 月の市バスダイヤ改正に合わせて短期的に取り組めること，中長期的に取り組めることのアイデア出し。
第 4 回	2015.12.9	16	・プロジェクト名の決定。 ・市バスの新路線を用いた伏見桃山・中書島エリアへの誘客のための PR について。
第 5 回	2016.1.14	25	・12/25 の広報発表を受けてダイヤ改正の概要が明らかになった（図 6-2）。 ・PR 方法についての意見交換。 ・市バス観光マップ『バスなび』に新設される伏見路線が加えられることに。
第 6 回	2016.2.4	19	・バスダイヤ改正に向けての広報活動について意見交換。 ・プロジェクトの様子が 2 月 22 日付京都新聞に掲載された。
第 7 回	2016.2.24	17	・観光客に向けた伏見桃山・中書島地域の情報発信について，京都市交通局から具体的な PR 方法について説明。 ・3 月 19 日開催の「日本酒まつり」とのタイアップについて。
第 8 回	2016.4.6	18	・伏見桃山・中書島への観光客誘客に向けた情報発信についての検討と予算について。 ・特にインバウンド対応についての意見交換。
第 9 回	2016.5.19	20	・伏見酒造組合からの話題提供。 ・「酒蔵ツーリズム」についての意見交換。
第 10 回	2016.6.29	21	・情報発信について。京都市交通局の市バス，地下鉄の中吊り広告で，8 月 6 日開催の「万灯流し」のポスターが掲示されることに。
第 11 回	2016.9.7	16	・プロジェクトのメンバーである商業者からの伏見桃山・中書島のモデルコースについての提案があり，参加者間でたたいた。
第 12 回	2016.10.12	19	・伏見桃山・中書島エリアの観光モデルコースを回るためのマップを作成することについて，参加者間で合意。 ・同エリアの観光テーマを抽出し，初回発行するマップは日本酒をテーマとすることにした。
第 13 回	2016.11.10	21	・第 12 回会議で決定したマップの内容やデザイン，活用案などについて，意見交換をおこなった。
第 14 回	2017.1.12	21	・マップの内容確認と，発行までのスケジュールの確認。 ・伏見桃山・中書島エリアで開催される「日本酒まつり」の開催に向けた伏見の PR キャンペーンを実施することを決定。 ・マップを活用した伏見桃山・中書島エリアの「テストツアー」実施可能性についての検討。
第 15 回	2017.2.6	13	・キャンペーンの内容とスケジュールについての検討をおこなった。
第 16 回	2017.3.22	12	・キャンペーンの成果についての共有。 ・自然とのプロジェクトの進め方について意見交換。

06 観光まちづくり人材としてのファシリテーターの役割　*127*

図 6-2　京都市バスの伏見路線について紹介する京都市交通局のウェブサイト [14]

　石原武政（2006）は，商業者のモチベーションが，自店の成長に向かう「企業家精神」に対し，商店街の活性化やまちづくりに向かうのを「街商人(まちあきんど)精神」と呼んでいる。この点から伏見の商店街をみると，自店のことばかりでなく，商店街やまちの賑わいについても意識していることは，毎年7月に伏見桃山・中書島エリアの各商店街で催される「夜市」で，商業者が進んで盛り上げにあたっているところをみても明らかで，「街商人精神」はもっているように思われる。

　しかし，個々の商店街レベルの振興や賑わいづくりを担う「商店街振興組合」レベルでは，異なる力学が働くため，プロジェクト会議メンバーの話し合いで決めることは難しく，ファシリテーターによる，会議の場やコミュニケーションのデザインだけでは，プロジェクトの合意をおこなうことは相当な困難が伴う。

　また，ファシリテーターを務めたなかで感じ取れるのは，商業者の多くが，いまだに大学や交通事業者などのもつ「ヨソモノの視点」からの新たな指摘に気がつかず，自らの価値観の変容を生み出そうとしていないことである。

　だが，個別の商業者レベルでは，「街商人精神」をもった人も見受けられ，「商店街振興組合」レベルの力学とは異なる部分での，コーディネート，ファシリテーションをおこなうことでブレイクスルーを起こすことは可能かもしれない。

---

14) http://www.city.kyoto.lg.jp/kotsu/page/0000196341.html（最終閲覧日：2017年9月5日）

● 3-2 宇治魅力発信プラットフォーム会議

　この会議は，宇治市政策推進課から京都文教大学への委託事業である。宇治市は2014年に「宇治市将来戦略プラン」を取りまとめ，そのなかで「基本的なまちづくり施策」として「確固たる宇治ブランドの確立」を掲げ，そのための取り組みとして①魅力発信のための仕組みづくり，②地域ブランドの強化，③観光振興を挙げている。この「魅力発信のための仕組みづくり」を実現に移すために，2015年に「宇治市魅力発信行動指針」を策定した。背景には人口流出・人口減少・少子高齢化による地域コミュニティの衰退，まちの活力の低下，公共サービス水準の低下といった，日本の多くの地方都市が抱えている地方自治体の縮小・衰退・消滅への危機感がある。こうした課題に対し，市民が宇治の魅力を再認識し，宇治への愛着を強め，宇治に関わるすべての人々による宇治の魅力発信をおこない，その結果，人口減少に歯止めをかけるというシナリオを描いている。その魅力発信の取り組み実行の仕組みとして「宇治魅力発信プラットフォーム」を2015年度に立ち上げ，2016年度までの2年度間，筆者はそのコーディネーター役を引き受けた[15]。

　宇治市では，次のようにプラットフォームの「役割」を謳っている。

◉プラットフォームの役割と活動
・宇治の魅力づくり，魅力発信に携わる，あらゆる人や団体が集う場とします。
・参加する人や団体の活動に関する情報交換と連携協力にむけた協議の場とします。
・参加者同士の協力・意見交換により，魅力発信の相乗効果を高めます。
・参加者による魅力発信に関する新たな協働プロジェクトを立ち上げます。

◉市役所の役割
・市役所は，プラットフォームを立ち上げるとともに，参加者の自由な議論，発想で魅力発信という目的に対して，それぞれの得意分野を活かしながら協働によるオール宇治で取り組めるよう，プラットフォームに対して，次に示す運営支援を行います。
・各魅力発信団体（市民・事業者・各種団体・学校）等への参加促進をします。

---

15)「宇治魅力発信プラットフォーム会議」の記述については，宇治市からの配布資料や打ち合わせ資料，筆者のフィールドノートをもとに作成している。

- 地域と行政をつなぐコーディネーターを設置します。
- 協働プロジェクトへの財政支援に取り組みます。

　2015年度に4回，2016年度に3回のプラットフォーム会議を実施した。表6-2がその概要である。

　表6-2をみてもわかるように，1年間の会議を通じて，具体的な事業として動いているのは「高校生プラットフォーム」のみである。「高校生プラットフォーム」は，宇治市内6高等学校の生徒が参加している。プラットフォームの名称アイデアを高校生が出し，投票の結果，「めっ茶，好きやねん！！―宇治に届け」となり，第6回会議でも高校生から事業プレゼンテーションがあったように，行政も高校の教員も積極的にバックアップしている。一方，第3回会議で共有された「フューチャーセンター」[16] については，特段，具体的な課題や事業提案が話し合いの場にもち込まれることはなく，1年が経過することになった。

　第4回会議では，初年度の振り返りをするなかで，「活かしていくもの」として，分野を超えたつながりや交流，新たな担い手としての高校生などが挙がり，ここから新しいアイデアや担い手のチャレンジ支援，また宇治市内の各地域別の課題解決や魅力発信ならびに観光振興と定住促進を図っていくことで合意した。また，「改善していくもの」として，「目的や成果が見えない」「継続性と具体性が会議に必要」「参加者の固定化」といったことが今年度の課題として挙がり，その解決・改善をおこなっていくことを共有した。しかし，それに対して具体的な手立てが打たれることはなかった。

　そこで2年目となる2016年度は，前年度の課題を踏まえ，①目的をわかりやすく，より具体的に，②活動を「知る」から協働プロジェクトへ，という方針を掲げ，各回でのプラットフォーム会議で話し合う個別テーマを設け，その議論をもとに，「プロジェクト」を生み出し，それを事業化させていくための「プロジェクト会議」を立ち上げる，という形に改めた。参加者も2015年度は「宇治市魅力発信行動指針」

---

16) フューチャーセンターとは，北欧の知的資本経営から生まれた，「未来の価値を生み出すセンター（場）」のこと。その後，欧州内の公的機関に広がり，複雑な問題をスピーディに解決するために，多様な専門家やステークホルダーを集め，オープンに対話する場として発展した。日本では，人口減少・市上縮小の閉塞感を乗り越えるための，企業や大学のオープンイノベーションの場として，また未来に向けた市民参加のまちづくりの場として，活用されるケースが増えている（野村 2012：11）。

表6-2　宇治魅力発信プラットフォーム会議のこれまでの活動（筆者作成）

	開 催 日	内　　容	決定事項
第1回	2015.7.28	・制度説明（宇治市の役割・支援メニューなど説明） ・プレゼンテーション（立命館宇治高等学校宇治魅力素材プレゼンテーション） ・意見交換（自己紹介ならびに現在取り組んでいる内容などの紹介）	
第2回	2015.8.20	・第1回会議で出たキーワードをもとにグループに分かれアイデア出し。	
第3回	2015.9.17	・第2回会議の成果をもとに，「実現性のあるもの」をポイントに議論を深めた。	・「若者が集まり，意見交換ができる場」→「高校生プラットフォーム」の立ち上げ。 ・「フラットな場で意見交換ができ，それを行動に移していく場」→「フューチャーセンター」の立ち上げ。
第4回	2016.2.25	・次年度に向けてプラットフォームをどのようにつなげるかについての議論。「活かしていくもの」と「改善していくもの」の共有。	
第5回	2016.5.24	・『響け！ユーフォニアム』がもたらした宇治への影響，変化の研究成果についてのレクチャー。 ・レクチャーをもとに意見交換。	・話し合った内容を事業化していくための「プロジェクト会議」の立ち上げ。
第6回	2016.8.24	・高校生による宇治の魅力発信に関する取り組み提案と意見交換。	
第7回	2017.3.17	・「地元への愛着を育む」をテーマに，宇治市と大学とで取り組んでいる生涯学習支援事業を事例紹介し，それをもとに意見交換。	

　の検討に関わった団体に参加を呼びかけていたが，2016年度は市の広報紙で参加者を公募する形に改めた。その結果，組織や団体の肩書きを背負った人が中心であったメンバー構成から，多様な顔ぶれへと変化がみられた。

　2016年度最初となる第5回会議では，京都文教大学片山准教授から，宇治市を舞台としたアニメ作品『響け！ユーフォニアム』がもたらした宇治への影響，変化の研究成果についてのレクチャーがあった。そこでみえてきたのは，「地域の文脈（ものがたり）」に注目することの意味である。地域への来訪者でありながらも，その地

域へ強い思い入れをもっている「ジモト民」が，アニメ作品の「聖地」巡りをするファンのなかに出現している。こうした今日的な旅行者は，自分のこだわりを地域で確認したいと思い，その地域を訪れ，それが地域の文脈（ものがたり）と呼応したときに大きな感動があるという。こうしたジモト民的な旅行者を増やすために宇治の文脈（ものがたり）への注目が求められると結論づけた。

このレクチャーを受け，参加者，講師，ファシリテーターの対話が始まった。もちろん，参加者はコンテンツツーリズムを支持する人ばかりではないが，「ものがたりをどのようにつむいでいくか」「宇治は特定のコンテンツに依存しているのではないか」「ジモト民も地元民も語らえるコミュニケーションの場が必要」といったアイデアが出てきた。

この回のレクチャーならびに対話の内容を踏まえ，具体的なプロジェクトを生み出す前に一度集まってみよう，という結論になった。

なお，第5回プラットフォーム会議を受けて，これまで2回プロジェクト会議を実施し，ここでの話し合いのなかで，参加者のなかから，「2020年の『日本書紀』完成1300年に向けた取り組みを宇治でしていこう」という提案を事業化していくことになり，読書会と意見交換の場としての「日本書紀を読む会」が立ち上がった。

また，第6回会議では，高校生による宇治の魅力発信に関する取り組み提案を聞いた後，プラットフォーム参加者との意見交換をおこなった。

高校生からの提案は「足湯（石湯）」「UJICOLLECTION × PROSPERLAMP」「宇治のPR動画コンテスト」の3本であった。

「足湯（石湯）」は，冬のオフシーズンに来られた観光客のために休息の場所をつくろうというもの，「UJICOLLECTION × PROSPERLAMP」は着物の短所を改良した「Innovative WAFUKU」とまちなかに置くランプの提案，そして前年度から実施されている「宇治のPR動画コンテスト」への協力依頼である。高校生の企画ゆえ，十分につめきれていない部分はあるものの，参加者のなかからも建設的なコメントや協力の申し出があった。

2年度間，計7回の会議をおこなったが，プラットフォーム会議そのものは，試行錯誤したものの，結局その方向性を見出すことも，「高校生プラットフォーム」以外の成果を生み出すこともできなかった。これだけ「迷走」した要因はどこにあるのだろうか。

プラットフォーム会議において，行政職員は一部を除き，話し合いのなかに入ることはなかった。つまり，あくまでも行政は「事務局」であり，当事者ではないと

いう姿勢がみえた。また,「宇治市魅力発信行動指針」策定に関わったメンバーに
ついても,その多くはワークショップのなかで,意見やアイデアは積極的に出すが,
何のためにこの会議に集まっているのかも共有できていなかったようにみえる。す
なわち,プラットフォーム会議のすべてのアクターに当事者としての意識があった
わけではなかったのではないかと考える。

　また,行政の思惑として,当初から行政が市民に「してほしいプロジェクト」が
垣間見えたことがある。それゆえ行政側のメンバーも「宇治市魅力発信行動指針」
の検討に関わった団体を揃え,それらの団体が予定,もしくは実施するであろうイ
ベントをリスト化し,そのイベントにプラットフォームが「自主的に乗っかってい
く」ような結論を目指していたようにも思われる。

　一方で,高校生からは,「授業の取り組みの一環」という一面もあるかもしれない
が,積極的な参加がみられた。自由な発想で,自らのアイデアをプレゼンテーショ
ンしたり,その後,「高校生プラットフォーム」が立ち上がり,高校生たちで魅力発
信に向けたプロジェクトのアイデアを出し,企画を進めている。筆者も高校生プラ
ットフォームの様子を一度見学したことがあるが,異なる学校の生徒同士でもすぐ
に打ち解け,話し合いも活発におこなわれていることをうかがい知ることができた。

　宇治魅力発信プラットフォームでは,具体的な成果を生み出すにはいたっていな
いが,宇治の観光イメージはややもすれば地域住民も観光客も固定化しがちであっ
ただけに,話し合いを通じて,高校生,「ジモト民」が向ける観光のまなざしに地域
住民が気づきつつあるように思えるのが成果かもしれない。

● 3-3　京都府宮津市　「新浜・浜町にぎわいづくりオフサイトミーティング」

「新浜・浜町にぎわいづくりオフサイトミーティング」(以下,「オフサイトミーテ
ィング」と略す)は,2013年2月から5月まで計6回,市民・事業者らによる話し合
いの場として実施された。この会議は京都府宮津市の中心市街地である新浜・浜
町地区の再開発に合わせ,京都縦貫道の全通による観光客の誘客を目指し,道の駅
的機能をもたせた「宮津マルシェ」(以下,「マルシェ」)の整備にあたり,そこに盛
り込む機能やデザインなどのアイデアを市民から集め,施設に反映させていこうと
いうものであった[17]。

---

17)「新浜・浜町にぎわいづくりオフサイトミーティング」の記述については,宮津市作成
　の配布資料ならびに打ち合わせ資料,筆者のフィールドノート,またこの取り組みを
　追跡取材した『毎日新聞』(丹波・丹後版)をもとにしている。

宮津市の新浜地区は，宮津市の中心地であり，古くは花街として栄え，現在も昔ながらの街並みを残す地区である。また，古い町並みに隣接して，地場の鮮魚などを扱う店が多い公設市場があるものの，人通りが減り，空き家や空き店舗が目立つ場所となっている。また海側の埋立地である浜町地区は，1980年代後半のバブル期に始まった宮津湾開発に端を発する。大型駐車場，ショッピングモール，公園，公共施設などが立ち並んでいるが，統一感がなく，道を一本隔てた新浜地区の落ち着いたイメージとは不釣合いな場所である。

筆者はこのオフサイトミーティングのファシリテーターとして招かれ，会議の進行のほか，行政との事前調整などにあたった。

2013年2月8日に開催された初回のオフサイトミーティングは，参加者の顔合わせと，まちづくりの先進事例を学ぶ講演で滞りなく終わったが，同年3月11日に開催された2回目のオフサイトミーティングで，参加者からは「場当たり的で道筋が見えない」といった不満がもれ始め，3月29日の第3回のときには多くの参加者から「道の駅を作れば賑わいが戻るという考えは間違っている」など，「マルシェ」の整備に関する不満ばかりでなく，市が「マルシェ整備ありきで議論の場を作っている」という，手続き面での不信感，さらにはオフサイトミーティングそのものへの不満も相次いだ。その日は市の担当者はその説明に追われることに終始したのだが，参加者自らが考える機運が高まったとみることができる。

4月17日の第4回では，参加者のなかでも特に30代を中心とした若手メンバーが自主的に動いて，「一人10人アンケート」を実施し，第5回の前日となる5月7日までに，620件の回答を集めた。その結果，「市民も観光客も楽しめる空間」「市民一人ひとりが輝いていなければ観光客も逃げてしまう」「ライフスタイルを提案するようなまちづくりを」といったコンセプトが浮かび上がった。第5回ではアンケートの結果について報告があり，5月21日の第6回で幕を閉じた。

その後，この「マルシェ」の計画が，議会でいったん否決されるといった事態が起こったが，その後修正した計画案が議会でも承認され，2015年7月，道の駅「海の京都 宮津」として開設されるに至っている。

結局，市民側からのアクションとして始まった「一人10人アンケート」の結果を踏まえられることはなく，2015年7月に「海の京都 宮津」としてオープン，同年11月には道の駅として登録されることになった[18]。現在，オープン当初から存在する

---

18)『産経新聞』2015年11月17日付。

農産物直売所「宮津まごころ市」「観光交流センター」に加え，2017（平成 29）年 8 月には，地元の海の幸を使った食事を提供する施設「おさかなキッチンみやづ」がオープンしている[19]。

　この事例では，市が結論が出ている「マルシェ」の計画について，十分な情報公開をおこなわず，一部分のみをオフサイトミーティングの場に開くことにより，あたかも市民の声を反映させた計画のように装った。つまり，市民の話し合いを「アリバイ」として使ったのである。その後，道の駅のオープンとその運営について，市民や商業者を中心に話し合いが重ねられているが，「話し合い」で地域の課題を解決する文化が根づくことを期待したい[20]。

● 3-4　京都府与謝野町「岩屋わいわいミーティング」

　「岩屋わいわいミーティング」は，京都府与謝野町岩屋地区において，地域の小学校を廃校にすることを住民自らが選択し，その後の地域のあり方について，将来像を共有していくことを目指して，行政が事務局となり，地域住民同士で，住民自らが取り組むべきことを決めていくことを目的としたミーティングであった。2015 年 10 月から 2016 年 2 月までに計 6 回，筆者はコーディネーターとして依頼され，話し合いの進行やまち歩きの同行などをおこなった[21]。

　岩屋地区は，かつてちりめん産業で栄え，「ガチャ万景気」と呼ばれた頃には，多くの人が住んでいたとのことだが，繊維産業や和装産業の衰退とともに，人口は減少し，高齢化率が 41％に上る一方で生産年齢人口は 52％にまで減少し，若年層は高校を卒業すると他地域に転出し，戻ってこない人が多いという[22]。

　そこで初回のミーティングでは，地域の現状についてデータなどを用いて確認し，その後，参加者から地域の課題と強みをワークショップ形式で出してもらい共有した。次のミーティングで参加者のなかから取り組んでみたいことを抽出し，意見交換をおこなった。その結果を踏まえ，次の回ではまち歩きをおこない，自分たちの

---

19)　『京都新聞』2017 年 8 月 10 日付。
20)　オフサイトミーティング終了後，2014 年 3 月より宮津商工会議所が「宮津まちづくり会議」を開いているが，オフサイトミーティングの話し合いの結果や成果が踏まえられているかどうかについての追跡調査はできていない。（宮津商工会議所「宮津まちづくり会議」〈http://www.kyo.or.jp/miyazu/m-machisu/（最終閲覧日：2019 年 2 月 27 日）〉）。
21)　「岩屋わいわいミーティング」の記述については，筆者のフィールドノートや与謝野町の担当課が作成した資料をもとにしている。
22)　平成 22 年国勢調査より。

暮らす地域がどのような場所なのか認識を共有した。

　こうして，次の四つのプロジェクト案が上がり，実現のためのブラッシュアップをおこなっていった。

①雲岩公園バージョンアッププロジェクト（若者人材育成）
②生きがい・交流の場をつくるプロジェクト（地域コミュニティ）
③高齢者コミュニティビジネス創出プロジェクト（高齢者活躍の場）
④勝手に丹後案内所岩屋本店プロジェクト（観光地域づくり）

　これらのプロジェクトについて，「背景・課題」「目的・将来ビジョン」「事業の内容・実施主体・予算・財源」「実施スケジュール」といったことについて，参加メンバー同士で話し合いをしながら，実現可能性のあるものまでに詰めていった。

　その結果，①の「雲岩公園バージョンアッププロジェクト」が事業化に向けて，②の「生きがい・交流の場をつくるプロジェクト」が社会実験をしてみる，ということで実現に向けて動いていくことになった。

　雲岩公園バージョンアッププロジェクトとは，地域にある「雲岩」という奇岩のある山とそこに咲くつつじをライトアップで彩り，地域を盛り上げるとともに観光客にも来てもらおうというものである。若手メンバーが他地域でライトアップイベントを実施している団体から電飾を借りてきて，ミーティング終了後の 2016 年 4 月に実際にイベントをおこなった。

　生きがい・交流の場をつくるプロジェクトとは，「住民の集う場やコミュニケーション機会が減っている」「人間関係の希薄化で，知恵・知識の伝承がむずかしくなっている」「小学校の廃校等で，子どもたちと地域の繋がりや嫁いできた女性同士の交流がなくなる」といった課題に対し，かつて地域で運営してきた診療所の跡地を使い，まずは交流カフェをしようということになった。2016 年 3 月の小学校閉校式と同日に開催し，当日は地域の人，小学校の卒業生で，現在は地域外に出ている若者などで賑わい，小学校の閉校式式典に参列した町長も立ち寄った。

　この取り組みでみえたことは，地域の若手・中堅や女性が活躍する場が少ないこと，そしてこうした人たちは，自らの意思で活動する機会をもちたがっていたことであった。若手・中堅は青年団や消防団に所属し，活発な人が多かったが，地域の最終意思決定権は年長者にあった。また，女性はちりめん工場の従業員として他地域から来て，岩屋に「嫁いだ」という人が多く，自らの意見を表明したり，愚痴を

言い合ったり，活動するための機会が限られていた。こうした，「地域のために何かをやってみたい」「課題を解決したい」という人たちのモチベーションに火をつけたことが成果であった。一方で，ミーティング開催の期限が限られていたため，若干，話し合い不足のまま事業が動き出したことは否めない。その結果，やる気のある人たちは動き出したが，地域の人たちが，小学校廃校後の地域のビジョンを描くところまではいたらなかった。

● 3-5　京都府福知山市「福知山味趣覧会」

「福知山味趣覧会」は，京都府福知山市において，地域の商業者やアーティストなど有志メンバーが集まり，「まちの良いもの」を発掘し，発信していく取り組みをおこなっている非公式，有志のグループである[23]。

筆者は 2009 年 4 月から 1 年間，福知山市の中心市街地活性化に関するタウンマネージャーとしてこの地に赴き，中心市街地におけるさまざまな事業をおこなった。福知山市の中心市街地に立地する商店街は典型的な「シャッター通り」となっており，行政，経済団体，商店街振興組合などが活性化のための事業をおこなっていたが決め手を欠いていた。

筆者は赴任当初から，活性化に取り組む担い手育成が重要であると考え，セミナーや勉強会などをおこなっていたが，そのときに中心市街地に立地するある商店街振興組合の理事長（当時）が，明治・大正期に発行された古い冊子を持ってきて，「当時は「まちのもん」（まちの人）が，自分たちでこんなことをしとった。今のわしらもできると思ってる」と熱く語ってくれた。見るとその冊子には，当時の店が，各店のアピールポイントを紹介する文が書かれていた。筆者は今でいう「ガイドブック」や「タウン誌」にあたるようなものだと感じた。彼の思いに共感した筆者は，勉強会の最後に「プレゼンテーションタイム」を設け，彼に思いを語ってもらい，それに共感したメンバーに集まってもらったところから活動は始まった。

集まったメンバー同士で，他地域で発行されているガイドマップやタウン誌を比較検討しながらたどり着いた結論は，「まちのもんが紹介するランチのお店のガイドブック」を作成することであった。メンバーは分担して取材する店舗に出向き，自腹で食事をした感想や店主に聞いた話を文章にまとめ，2009 年 11 月『ランチガ

---

23)「福知山味趣覧会」の記述については，筆者のフィールドノートや作成した議事録をもとにしている。

イド』を発行した。この冊子の作成費用は，メンバー間でお金を出し合い，知り合いに声かけをして協賛金を集めてまかなった。

　筆者は福知山市のタウンマネージャーは1年で退いたが，その後も残った有志メンバーが，『ランチガイド』と同様のコンセプトで作成した『晩ごはんガイド』や『スウィーツガイド』，そしてこれらのガイドブックを用いたツアーを企画し，実施した。

　筆者は，このグループで「事務局」的な役割を自ら進んで担った[24]。たとえば会議資料や議事録の作成，会議中の板書，補助金の申請書や報告書の作成[25]，先進事例の情報提供，勉強会の講師招聘などである。

　福知山味趣覧会は，行政や経済団体，商店街振興組合からは独立したグループである。それゆえ，活動補助もないため，メンバーは手弁当で会議や事業に参加していたが，「まちを楽しくしたい」そして「何よりも自分たちが楽しい」というモチベーションから，筆者が福知山市を離れる2015年まで定期的に活動をおこなっていた。

　筆者は，「ファシリテーター」としてこのグループに関わったことは一度もない。だが，取り組んできた「事務局仕事」が実はファシリテーションの役割であった。野村恭彦は，「ファシリテーターの能力は事務局力とほとんど同じ」（野村2012：90）であると述べている。本件の「事務局仕事」は，話し合った内容を雲散霧消させることなく事業に結びつけたのである。活動が，地域内外から評価されていくというプロセスとそのダイナミズムをメンバーが感じとるなかで，およそ5年間，モチベーションを維持し続けることができたのではないかと考える。

4　考　　察

　前節で，筆者が携わったファシリテーターの事例五つをみてきたが，それぞれについて考察を加えておこう。

　3-1の伏見区「伏見桃山・中書島ゆらふプロジェクト」の事例では，地域の商業者は，地域を盛り上げることについては熱心な人が多いが，観光まちづくり，あるい

24）森雅浩は，活動を始めた当初，事務局スタッフとして会議の内容を板書することで話し合いの現場に活かしたという（中野ほか2009：106-116）。
25）『ランチガイド』以外は補助金を獲得し，活動費用の一部に充当した。

は観光客への関心が薄いことが指摘される。また，観光客が顧客となりうることは少ないというイメージをもっているために，すすんで観光まちづくりに取り組んでいこうという機運は生まれにくく，伏見の特産品としての「日本酒」は，確かに観光客への訴求力はあるが，商売とは直接関わらないため，当事者として関わるモチベーションにはつながりにくいことがわかった。

　3-2 の宇治市「宇治魅力発信プラットフォーム」の事例では，プラットフォームの設計そのものならびに当局である行政とファシリテーターとの認識のずれに問題があった[26]。また，「魅力発信」という言葉が漠然としすぎていて，メンバー間でのイメージの共有ができなかった。3-2 において，行政として市民や事業者などに「してほしいプロジェクト」があるのではないかと評したが，それならば，「市民や事業者が主体となった観光まちづくりをしたいので，そのためにできることを話し合ってもらいたい」というように，ファシリテーターへのオーダーとして，また会議の参加者に対して具体的に打ち出すべきであった。そうすれば，もう少し具体的なアウトプット，アウトカムも期待できたであろう。

　3-3 の宮津市「新浜・浜町にぎわいづくりオフサイトミーティング」の事例は，ハード整備について，市民も加わってアイデアを出したことにしようとする，行政側の明らかな「アリバイづくり」であった。一方でミーティングへの参加者の当事者意識を喚起するきっかけになったのは，思わぬ副産物であった。

　3-4 の与謝野町「岩屋わいわいミーティング」の事例は，熱意と協力姿勢をもった行政担当課の存在が，ファシリテーターのフォロワーとして機能したことで，「肩書きや立場を越えた話し合い」の文化がない地域において，話し合いそのものは非常に活発におこなわれた。ここでは四つのプロジェクトが立ち上がり，そのうち一つは実際に動き出し，もう一つは社会実験をおこなうところまでこぎつけた。ファシリテーター派遣の期限の問題で，やや「見切り発車」的に進めることになってしま

26）飯盛（2015）は，プラットフォームを「多様な主体の協働を促進するコミュニケーションの基盤となる道具や仕組み，空間」と定義し，そこで生み出される予期せぬアウトカム「社会的創発」に着目しているが，2015 年度の第 3 回と第 4 回の会議の間隔が5 か月，第 6 回と第 7 回会議の間隔が半年以上もあいていることをみてもわかるように，「社会的創発」を生み出すにはあまりにも不十分で，単に「いろいろな人を集めた会議」になってしまったことは否めない。こうした反省を踏まえ，2017 年度からは新たなコーディネーターが，「子育て世代」「シニア」といった具合に，セグメントされた参加者同士でのプラットフォーム会議を開き，そこで得られた成果を宇治市が主催するプラットフォーム会議にもち込む，という形に変更されている。

ったが，若手・中堅や女性でリーダーシップをもった人が現れたこともあり，話し合いを続けながら，今後も継続的に地域づくりに取り組んでいくことを期待したい。

3-5 の福知山市「福知山味趣覧会」の事例は，商店街振興組合レベルでも，行政や経済団体が主導する事業でもなく，有志の商業者やアーティストらが肩書きを問わずに自主的に動く団体になったことと，話し合ったことが事業化し，それが評価されることによるモチベーションの向上が持続的な活動につながった。このなかで筆者は「ファシリテーター」を名乗ったことは一度もないが，他地域での取り組みの情報提供をしたり，事務局仕事に徹することによって，信頼を得ることができたばかりでなく，団体として多くの成果を生み出すことができた。

筆者自身，ファシリテーターとして携わったワークショップや会議がうまくいくかどうかは 2 回目，3 回目あたりですでにみえていることが多い。これまで述べてきた事例でもわかるように，話し合いの場づくりのまずさ，不十分な情報公開や結論ありきの議論，また，何か具体的な事業を起こしていく際に，テーマがあいまいなままの話し合いは，よほどの軌道修正を図らない限り，メンバーの当事者意識が芽生えず，始まりの時点で成果を生み出すことが難しいことに気づくことが多い。

確かにワークショップの技法を用い，参加者同士の緊張を解き，自由に話すことができる場づくりまでならば，比較的容易にできる。しかし，ファシリテーションならびに話し合いを実際の行動に結びつける成否の鍵はその先にある。

一つ目はワークショップや話し合いの場の構成メンバーの顔ぶれとその特性，考えやニーズをつかむことである。

そのために事前のリサーチや主催者との綿密な打ち合わせが必要である。

二つ目は主催者や参加メンバーの協力が不可欠なことである。

ファシリテーターは万能ではない。また自らがビジョンを提示し，事業を引っ張っていく役割でもない。ファシリテーションの技術をもって，話しやすい場づくりや雰囲気づくり，意思決定へともっていくことはいうまでもないが，主催者，参加者の能動的な参加があってこそ，ファシリテーションが機能し，合意形成にもつながっていく。

そして三つ目は同様に，主催者・参加者とファシリテーターがともに信頼しあうことである。

ファシリテーターが参加者を信頼することはもちろんであるが，参加者から信頼されなければ話し合いはうまくいかない。そのような場合，ファシリテーターが，メンバーが苦手であったり，したがらない作業，たとえば，議事録づくりや板書と

いったことを担当したりすると，話し合いは大いに効果を発揮する。「記録をとる」というのは，行政や大学といった機関以外では，実は苦手としていることである。それを進んですることで信頼されることが多いし，記録そのものが決まったことや取り組むべきことの確認につながる。先述の「失敗パターン」には，この三つの要素のいずれか，もしくはすべてが欠けていたことが指摘できる。

　以上，取り組み事例の考察ならびにそこからみえてきたファシリテーション成否の鍵について述べてきたが，「観光まちづくり」におけるファシリテーターに求められる役割や能力についてはまだ十分に言及できていない。最後の課題を次節でまとめながら述べていく。

5 まとめにかえて：「観光まちづくり」におけるファシリテーターの役割とは

　従来の基幹産業の衰退，人口減少，とりわけ生産年齢人口の減少に悩む地方において，観光は「地域活性化に寄与する産業」の切り札として，また，交流人口の増大による地域社会の活性化を目指して，その振興策が図られることが増えてきている。また旅行会社は，従来型の発地型観光が限界をみせるなかで，「新たな旅行商品」としての着地型観光に期待を寄せるようになってきている。とりわけ，隆盛をみせるインバウンド観光において，東京・京都・大阪を軸とした主要観光ルートである「ゴールデンルート」中心の観光をすでに経験した観光客たちが，地域固有の歴史や自然を求めて地方を旅行するようになってきていることも後押ししている。しかし，着地側の地方は，その受け入れ態勢が不十分であるばかりでなく，肝心の観光資源の価値に十分に気づいておらず，結果，その磨き上げもできていないことが多い。また，「金も落とすがゴミも落とす」とか，「知らない人が勝手に入りこんでくる」といった，交流，あるいはコミュニケーションの不足によって起こる，観光にまつわる「悪い評判」も出てくる。逆に，何かしらの取り組みのプロセスや結果が地域外から評価されることによって，地域の人々と外部の人々（ここでは観光客ばかりでなく，「ヨソモノ」としての住民も含む）との交流や共感も促進されることであろう。

　西村幸夫は，応援団としての観光客と地域住民との交流や，共感し合えるような関係をつくり出すこと，ゲストとホストという立場を越えて，地域のためになる何かをもたらし，また与えられるという観光まちづくりにおける観光客と地域住民と

の関係のあり方を提示している（西村 2002：19）。また堀野正人は，「まちづくり観光において，観光者との交流を通じて求められるまなざしは，地域の人びとがアイデンティティの拠り所とする事象に，共感できるまなざしでなければならない」が，「観光のまなざしが地域住民のアイデンティティと整合する保証がない限り，地域には，それを見すえたうえでまちづくりにとりくむ，ゆるぎない主体性が求められる」（遠藤・堀野 2004：126-127）と観光のまなざし論をもとにして論じている。

　確かに観光客と地域住民との交流，そしてそこにおける両者の共感を生み出すことは，観光まちづくりにおいて求められる必要な条件ではあるが，難しい課題でもある。また西村は住民主体のまちづくりが容易に進められ，地域のリーダーが生まれてくる仕組みの必要性について説いているが（西村 2002：24），こちらも「運任せ」のようなところがあるし，仮にリーダーシップをもった人材が現れても，彼のフォロワーがいなければ，リーダーは孤立し，成果を出すことはできない。

　そこで求められるのが，ファシリテーター，あるいはコーディネーターの役割である。とりわけ，地域住民がアイデンティティの拠り所とする地域資源は，往々にして，「そのまま」では観光客の共感を得られないものであるケースがある。逆に，地域住民がさしあたって注目もしなかったものが，マスメディアを通じて流布され，観光客の増加につながることがある。そのとき，行政はそれに予算をつけて整備やプロモーションをおこなったり，観光業者は新たな土産物をつくったりして，一時的にその地域への観光客が増加し，経済的に潤う場合もあるが，それは一時的な観光資源の追認と消費へと変わり，観光客一人ひとりのまなざしと向かい合う観光まちづくりにはつながらないことが多い。

　では，「観光まちづくり」におけるファシリテーターの役割とは一体どういうものだろうか。

　観光まちづくりにおけるファシリテーターには，コミュニケーションをデザインする能力，とりわけ当事者に気づきを与えるような意見を投げかけたり，合意形成の手助けをしたりするような能力が求められてくる。さらに「第三者」的立場，特に「ヨソモノ」の目線で，その地域の観光資源を評価し，アイデンティティを確認し，逆に磨き上げるべき点について指摘をしたり，その道筋を示すといった役割も求められてくるのではなかろうか。それによって，地域住民に観光者のまなざしに気づ

27）織田も，コーディネーターの育成については「かなり難しいことだ」と述べている（織田 2007：180）。

いてもらう，あるいは，それを受け入れるために住民同士の対話を促進するような場をつくることが期待される。すなわち，地域内のアクターに加え，「ヨソモノ」とのコミュニケーションもデザインすることが，観光まちづくりにおけるファシリテーターの役割であるといえる。こうした観光まちづくりにおける役割は，もちろんコーディネーターが担うことについても同様であるが，コーディネーターがある程度の当事者性をもって，地域にコミットメントしていくことが期待される。また，リーダー同様，コーディネーター人材の育成には，ある程度「資質と場数」がものをいう[27]。したがって，観光まちづくりにおける人材育成の観点からいえば，ファシリテーターの育成の方が，得られる成果は大きいといえよう。

【引用・参考文献】

飯盛義徳（2015）．『地域づくりのプラットフォーム—つながりをつくり，創発をうむ仕組みづくり』学芸出版社

石原武政（2006）．『小売業の外部性とまちづくり』有斐閣

issue + design project（2011）．『地域を変えるデザイン —コミュニティが元気になる30のアイデア』英治出版

今川　晃・馬場　健［編］（2009）．『市民のための地方自治入門—サービスの受け手から自治の担い手へ 新訂版』実務教育出版

遠藤英樹・堀野正人（2004）．『「観光のまなざし」の転回—越境する観光学』春風社

延藤安弘（2013）．『まち再生の術語集』岩波書店

大森　彌・山下　茂・後藤春彦・小田切徳美・内海麻利・大杉　覚（2008）．『実践まちづくり読本—自立の心・協働の仕掛け』公職研

岡﨑昌之（2007）．「地域づくりコーディネーターに問われるもの」地域づくり団体全国協議会『地域づくりコーディネータによるまちづくりハンドブック』地域づくり団体全国協議会，pp.2-10.

織田直文（2005）．『臨地まちづくり学』サンライズ出版

織田直文（2007）．「地域づくりコーディネーター論—事例分析を通して」地域づくり団体全国協議会『地域づくりコーディネータによるまちづくりハンドブック』地域づくり団体全国協議会，pp.166-184.

香取一昭・大川　恒（2009）．『ワールド・カフェをやろう！—会話がつながり，世界がつながる』日本経済新聞出版社

杉岡秀紀（2014）．「地域公共人材育成の京都モデル」白石克孝・石田　徹［編］『持続可能な地域実現と大学の役割』日本評論社，pp.127-147.

十時　裕（2007）．「徹底したワークショップの開催でまちづくり」地域づくり団体全国協議会『地域づくりコーディネータによるまちづくりハンドブック』地域づくり団体全国協議会，pp.116-123.

土木学会土木計画学研究委員会土木計画のための態度・行動変容研究小委員会［編］
　　（2005）.『モビリティ・マネジメント（MM）の手引き─自動車と公共交通の「かし
　　こい」使い方を考えるための交通施策』土木学会
中野民夫（2001）.『ワークショップ─新しい学びと創造の場』岩波書店
中野民夫・森　雅浩・鈴木まり子・冨岡　武・大枝奈美（2009）.『ファシリテーション
　　─実践から学ぶスキルとこころ』岩波書店
西村幸夫（2002）.「まちの個性を活かした観光まちづくり」観光まちづくり研究会［編
　　集］『新たな観光まちづくりの挑戦』ぎょうせい, pp.16–32.
野村恭彦（2012）.『フューチャーセンターをつくろう─対話をイノベーションにつなげ
　　る仕組み』プレジデント社
原科幸彦［編著］（2005）.『市民参加と合意形成─都市と環境の計画づくり』学芸出版社
福島明美（2014）.『未来を拓く地域づくり─楽しく実践する 12 のヒント』かもがわ出版
堀　公俊（2004）.『ファシリテーション入門』日本経済新聞社
堀野正人（2004）.「地域と観光のまなざし─「まちづくり観光」論に欠ける視点」遠藤
　　英樹・堀野正人［編著］『「観光のまなざし」の転回─越境する観光学』春風社,
　　pp.114–129.
『毎日新聞』（丹波・丹後版）2013 年 4 月 17 日付
『毎日新聞』（丹波・丹後版）2013 年 4 月 19 日付
村田和代・井関崇博（2014）.「〈みんなではじめる〉ためのコミュニケーション・デザイ
　　ン─〈つなぎ・ひきだす〉からの展開」白石克孝・石田　徹［編］『持続可能な地域
　　実現と大学の役割』日本評論社, pp.167–185.
山崎　亮（2012）.『コミュニティデザインの時代─自分たちで「まち」をつくる』中央
　　公論新社
山浦晴男（2015）.『地域再生入門─寄りあいワークショップの力』筑摩書房
Arnstein, S. (1969). "A ladder of citizen participation" *Journal of the American Institute of Planners, 35*, 216–224.

07 アートプロジェクトにおける観光文化の創造

地方開催の国際芸術祭運営に関わる人々の協働と住民のアート実践

山田香織

1 はじめに：旅行の目的地としての芸術祭

　昨今，大小さまざまなアートプロジェクトが各地で開催されている。なかでも3年に一度あるいは2年に一度開催される国際芸術祭（トリエンナーレ，ビエンナーレ）（以下，芸術祭）の増加は著しく，近年は毎年全国各地のいずれかの地で開催されている[1]。これらの実施経緯や目的は多様であるが，あえて共通点を挙げるならば，サイトスペシフィック・アート（Site-specific Art）[2]と称されるアートスタイルであることが多い。開催場所は都市部，郊外，地方と多様だが，サイトスペシフィック・アートによる芸術祭は，地方——中山間地域や離島，過疎地——が会場となることが多い点も昨今の芸術祭の共通点であり特徴の一つである[3]。以下本章では，地方開催の国際芸術祭に注目してみたい。

　地方開催の芸術祭実施とその数の増加の背景には，（地域によって濃淡があり，回を重ねるなかで変化もみられるものの）地域振興を推し進めたいという主催者の思惑が少なからずある。芸術祭を介した当該地が抱える複数の課題の解決（への着手）が期待されているのである。たとえば一流アーティストによる看過され続けた地域資源の発掘と，当該資源の一流作品としての具象化，それによる当該地再評価

---

1) 2016年時点の日本国内の主だったトリエンナーレおよびビエンナーレの一覧は拙稿（山田 2017a：83）を参照いただきたい。

2) 「作品と，作品が置かれる場とを分節せずに，両者を不可分なものとしてとらえる思考」（美術手帖 2009：61）に基づいた芸術作品のこと。

3) 主だったトリエンナーレおよびビエンナーレの傾向分布については，拙稿（山田 2017a：84）を参照いただきたい。

の機会（＝芸術祭開催）創出が期待されている。その際，空き家・廃校が利活用されることも期待されている。芸術祭を契機とした交流（願わくば定住）人口の増加も望まれている。人・モノ・金・情報の移動を新たに創出することによる経済効果・雇用創出，インフラ（定期航路，路線バスなど）の維持や復活もそうである。さらに，来訪者（鑑賞者，アーティスト，運営スタッフなど）との出会いや交わり，作品を介した地域（資源）への注目や評価による，当該地居住者の自己肯定感（＝自らが生きてきた土地・歴史・文化の再評価）の醸成も求められている。

　こうした開催の思惑に鑑みれば，サイトスペシフィック・アートによる芸術祭は，当該地に関連するアート作品というかたちをした新たな観光資源を生み出し，それにより人の移動・交流を創出する機会と整理することができる。したがって，芸術祭開催地は観光目的地，そこを目指して来る人（特に鑑賞者）の移動は観光行動と言い換えることも可能である[4]。しかもアートをめぐるこの観光実践は，鑑賞者の楽しみやニーズだけでなく，観光目的地を生きる人々の価値観や生活環境の維持，その土地の歴史や文化にも重きを置いていることから，観光まちづくりの実践の一つのかたちと捉えられる。

　ところで，地方開催の国際芸術祭の運営には，立場の異なるさまざまなアクターが関わることが珍しくない。また，芸術祭が回数を重ね，日本各地で芸術祭が実施されている昨今においては，その実施運営体制にはある程度の定型化がみられる。これは，そのやり方に一定程度の肯定的評価が下されていることの表れと解釈することも可能だろう。さらに芸術祭会場となる個々の地域に目を転じてみると，主体的なアート実践の展開も現れ始めている。

　こうした地方開催の芸術祭の特徴と現状（2017 年時点）を踏まえ，本章では，芸術祭の運営体制と地域での主体的なアート実践に関する具体例を述べ，そこから観光まちづくりに関する人材育成について検討してみたい。以下では，まず，芸術祭の運営について，組織体制とそこに関与するアクターの役割を整理する。その際，国内外でその知名度を上げている地方開催の芸術祭（トリエンナーレ）の一つであ

---

4) 芸術祭などアート鑑賞やアートのある場所を訪れることを目的とした旅行はアートツーリズムということができる。アートと観光の関係性について論じた先行研究は多くないが，堀野は，アートの観光の展開に関する論考で，芸術／アート／現代アートの概念整理をしたうえで，これらのなかで観光目的となる領域，なぜ・どのようにそれが観光アトラクション化されるのかを詳述している。本章で扱う芸術祭を含む現代アートについても注目し詳しく論じている（堀野 2011）。

る瀬戸内国際芸術祭を取り上げる。次に，芸術祭会場である地域における住民のアート実践への関与の様態を述べていく。ここでは，瀬戸内国際芸術祭の会場となった，ある一つの島での実践を事例として示す。そして，これらの記述をもとに，観光まちづくりにおいて求められる組織様態のあり方や人材について考察する。

2 地方開催の国際芸術祭における実施運営体制：「瀬戸内国際芸術祭」を例に

　以下で事例として取り上げる「瀬戸内国際芸術祭」は，アートディレクターの北川フラム氏が総合ディレクターを務める芸術祭である。同氏は，地方開催のサイトスペシフィック・アートの国際芸術祭の先駆けである，「大地の芸術祭 越後妻有アートトリエンナーレ」（以下，「大地の芸術祭」）（2000 年〜）のほか，「中房総国際芸術祭いちはらアート×ミックス」（2014 年〜），「北アルプス国際芸術祭」（2017 年〜），「奥能登国際芸術祭」（2017 年〜）などでも総合ディレクターを務めており，これら芸術祭の運営体制には類似性のほか，ボランティアサポーターの交流・往来もみられる。さらに，ほかの人物が総合プロデューサーや総合ディレクターを務める上記以外の芸術祭においてもその運営体制には共通点を見出すことができる（山田 2017a）。この点を踏まえ，以下では，「瀬戸内国際芸術祭」の特徴と運営体制を捉えていくことにしよう。

● 2-1　開催経緯，理念

　香川県を中心とする瀬戸内海の離島と港を舞台とする瀬戸内国際芸術祭は，2010 年に第 1 回が開催された。開催決定の背景には，これ以前からの現代アートをめぐる香川県の動きと直島福武美術館財団[5]（当時）の動きの「合流」があった。

　香川県では 2004 年に，県庁若手職員による政策研究「「現代アート王国かがわ」の確立」において，「アートアイランド・トリエンナーレの開催」が知事に提言された。これは，県内にある既存のアート資源の活用や離島振興に着眼した提言であったという。つづく 2005 年初め，直島福武美術館財団が「瀬戸内アートネットワーク

---

5) 2004（平成 16）年設立。現在は公益財団法人福武財団（2012（平成 24）年〜）。同財団は，瀬戸内海の離島に，自然を感じることのできる美術館をつくり，文化交流の拠点となる場所をつくることを目的として設立された（福武財団 HP〈http://www.fukutake.or.jp/art/（最終閲覧日：2016 年 10 月 26 日）〉）。

構想」を発表し，5年ごとに複数の島々を会場とする文化芸術イベントを提唱した。2006年になると同財団は，直島全域を会場とした「直島スタンダード2」展覧会を開催。この年，同財団理事長（当時）である福武總一郎氏と「大地の芸術祭」総合ディレクターでアートディレクターの北川フラム氏が瀬戸内国際芸術祭を構想した。一方，県は同年，観光交流局のアートツーリズム事業として，航路便「アートシャトル」の実験運航をおこなった。そして2007年，あるシンポジウムで北川氏が瀬戸内国際芸術祭開催に言及。その後，知事と北川氏が会談し，同年9月の香川県議会で芸術祭への参画表明がなされ，翌2008年に瀬戸内国際芸術祭実行委員会が設立された（北川・瀬戸内国際芸術祭実行委員会 2011：234–237；瀬戸内国際芸術祭実行委員会 2010：5, 2013：3）。

　こうして開催が決定した瀬戸内国際芸術祭は，初回から2016年の第3回まで一貫して「海の復権」をテーマに掲げ，「美しい自然と人間が交錯し交響してきた瀬戸内の島々に活力を取り戻し，瀬戸内海が地球上のすべての地域の「希望の海」となること」を目指してきた（北川・瀬戸内国際芸術祭実行委員会 2011：7）。これはよく，サイトスペシフィック・アートによる観光を瀬戸内海の島々で展開することで，地域の活性化（おじいちゃん，おばあちゃんの笑顔と誇りを取り戻すこと）と言い換えられる[6]。

● 2-2　実施概要

　瀬戸内国際芸術祭は，2010年より3年に一度，2016年までに計3回開催されてきた[7]。開催場所は，初回は高松港からの航路のある6島と，すでにアートサイトを有していた犬島（岡山県）のみであったが，第2回（2013年）から，12の離島[8]と二つの港周辺に広がっている（表7-1）。会期についても初回は7月19日から連続105日間であったが，第2回・第3回は春・夏・秋の3シーズンの108日間だっ

---

6) 各回の「瀬戸内国際芸術祭基本計画」には，これを実現するための七つのコンセプトが掲げられてきた。①アート・建築──地域の特徴の発見，②民俗──地域と時間，③生活──住民（島のお年寄りたち）の元気，④交流──日本全国・世界各地の人々が関わる，⑤世界の叡智──この地を掘り下げ，世界とつながる場所に，⑥未来──次代を担う若者や子どもたちへ，⑦縁をつくる──通年活動（瀬戸内国際芸術祭実行委員会 2011：3, 2014：3；福武・北川 2016：12–123）。

7) 2017年夏に2019年の第4回開催も決定した。

8) 香川県内の有人離島は21であるので，約半数の有人離島が芸術祭の会場ということである。

表7-1 瀬戸内国際芸術祭概要

(北川・瀬戸内国際芸術祭実行委員会（2011, 2016），瀬戸内国際芸術祭実行委員会
（2010, 2013, 2016, 2017）を参照し筆者作成）

初回開催年	2010 年
主　　催	瀬戸内国際芸術祭実行委員会（会長・香川県知事）
総合プロデューサー	福武總一郎（公益財団法人福武財団理事長）
総合ディレクター	北川フラム（アートディレクター）
開催場所 下線は第2回（2013）より参加。 網掛けは岡山県	香川県を中心とする瀬戸内海の12の離島（直島，豊島，女木島，男木島，小豆島，大島，犬島，沙弥島，本島，高見島，粟島，伊吹島）と二つの港周辺（高松港，宇野港）
参加アーティスト・プロジェクト数，アート作品数，イベント	2010 年：18 の国と地域，75 組，76 点，16 イベント 2013 年：26 の国と地域，200 組，207 点，40 イベント 2016 年：34 の国と地域，226 組，206 点，37 イベント
来場者数	2010 年：93.8 万人 2013 年：107 万人 2016 年：104 万人
収　　支 ※開催年までの3か年計算	2010 年：収入 7 億 9300 万円／支出 6 億 8900 万円 2013 年：収入 11 億 7500 万円／支出 10 億 1500 万円 2016 年：収入 13 憶 8800 万円／支出 12 憶 3800 万円

た（瀬戸内国際芸術祭実行委員会 2010, 2013）。

　会期中は，会場となる各島と港にはアート作品が展示され，パフォーマンスやイベントも随時，開催される。来訪者は，作品鑑賞パスポートもしくは個別鑑賞券，別途料金を支払い，船で島へ渡り，各々アート作品やパフォーマンスやイベントを鑑賞・体験する。

　第3回では，約200の作品が各所に展示されたほか，舞台芸術や食に関わるイベントが多数展開された。来場者数は104万人にのぼり，実行委員会収支は1.5億円の黒字で，経済波及効果は139億円（前回比＋7億円）とされている（瀬戸内国際芸術祭実行委員会 2017）。

● 2-3　運営組織体制

　この芸術祭の運営体制を，①舵取り役，②現場運営の担い手，③現場の実働スタッフの三つに分けてみていく。

1）舵取り役

①主催者としての瀬戸内国際芸術祭実行委員会

本芸術祭の主催者は瀬戸内国際芸術祭実行委員会である。会長は香川県知事が務め，事務局は香川県文化芸術局内に設置された瀬戸内国際芸術祭推進課が担っている。

瀬戸内国際芸術祭 2016 においては，同委員会には，会長，名誉会長（前香川県知事），副会長（香川県商工会議所連合会会長，高松市長），総合プロデューサー，総合ディレクター，顧問（四国旅客鉄道株式会社相談役）のほか，開催地となる地方公共団体（市町），福武財団，福武教育文化振興財団，香川県市長会など計 47 団体が構成員として名を連ねた[9]。同委員会では，全委員で構成する総会，委員会役職者ならびに開催市町・香川大学・香川県観光協会の委員からなる本部会議，そして，幹事会の 3 会議体が組織されており，このほか関係者による連絡会があった。芸術祭の事業計画・事業報告，予算および決算，その他実行委員会に関する重要事項については総会において議決することとなっていた（瀬戸内国際芸術祭 2015：5-6）。

瀬戸内国際芸術祭 2016 では，実施計画書のなかで実施体制図も示された（図7-1）。アート作品を介して，アーティスト，島民，ボランティアサポーター，実行

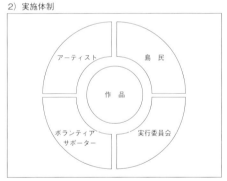

図 7-1　瀬戸内国際芸術祭 2016 実施体制（瀬戸内国際芸術祭実行委員会 2015：6）

9）詳細は，瀬戸内国際芸術祭実行委員会（2015：6）を参照。

委員会が同調・呼応し，協働でこの芸術祭をつくっていくことが明文化されている（瀬戸内国際芸術祭 2015：6）。以下では，各アクターが担う役割を詳しくみていく。

②総合プロデューサー

会長，総合プロデューサー，総合ディレクターは第1回から変わりない。なかでも，総合プロデューサーならびに総合ディレクターは，瀬戸内国際芸術祭を牽引するキーマンであるといっても過言ではないだろう。

総合プロデューサーは，事業全体のビジョンの方向づけと全体統括の役割を担っている。その役を担うのは福武財団理事長の福武總一郎氏である。同氏と同財団には，同氏が父から受け継いだ想いと，その想いを形にした直島，豊島，犬島のアートサイトの実績がある。そして同氏は先述のとおり，瀬戸内国際芸術祭開催を強く望んでいた人物の一人である（福武・北川 2016：12-57）[10]。

③総合ディレクター

総合ディレクターは，事業の企画運営の責任者であり，事業統括の役割を担う立場にある。北川フラム氏は，日本における昨今のサイトスペシフィックなアートフェスティバル・ディレクターの草分け的存在である。同氏が瀬戸内国際芸術祭の総合ディレクターに就任するに至った背景には，同氏が初回から総合ディレクターを務める新潟の「大地の芸術祭」を，総合プロデューサーの福武總一郎氏が訪れたことがあるという（福武・北川 2016：58-61）。

2）会場となる現場の運営の担い手

芸術祭の方向性を決める舵取り役を，会長，総合プロデューサーと総合ディレクター，そして実行委員会が担っているのに対し，現場における準備・運営にはどういったアクターが携わっているのか，以下でみていきたい。

①開催地方公共団体

本芸術祭においては，香川県に加え，開催場所となる離島を有する地方公共団体（市町）（以下，市町）もその実施運営に深く関与している。したがって，各市町は，

10）福武と北川（2016）のほかに，ベネッセアートサイト直島ホームページ〈http://benesse-artsite.jp/〉と福武財団ホームページ〈http://www.fukutake.or.jp/art/〉を参照。

実行委員会構成団体として名を連ね，さらに，会場の準備・運営を担当する。広報活動，案内所や作品看板，案内サインの設置といったハード面の準備のほか，住民や地域組織，企業との調整・連絡役も担っている。会期中は実行委員会事務局や民間企業 A（後述），NPO（後述）と連携しながら，会場運営を担う。市町ごとに多少異なるが，作品準備や撤収，案内所受付，作品管理・受付業務の一部に職員が携わることもある。

②アーティスト・アート作品と現地をつなぐ民間企業

作品選定は総合プロデューサーと総合ディレクターがおこない，決定は実行委員会がおこなうこととなっている。決定後の作品制作に関する現地とアーティストの調整・交渉は，アート全般に関わる民間企業 A がおこなっている[11]。同社ウェブサイトによれば，同社はギャラリー，コミッションワーク，アートコンサルタント，出版業など美術全般にかかる事業を手掛けており，瀬戸内国際芸術祭も土地計画・アートプロジェクトの実績に挙げられている[12]。

③ NPO 法人瀬戸内こえびネットワーク

この芸術祭の実施運営は多くのボランティアサポーターによって支えられている。そのサポーターは「こえび」，その全体は「こえび隊」と称されている。そして，このボランティア制度の運営を担っているのが，特定非営利法人瀬戸内こえびネットワーク（以下，「こえびネットワーク」）である。「こえびネットワーク」は，第 2 回開催年の 2012 年 2 月に開催された NPO 法人[13]で，会期前・中・後は「こえび隊」のオペレーションをはじめとする会場業務を，これ以外の時期は経年実施のアートイベント ART SETOUCHI の運営業務，島での年中行事などへの参加，離島の生活文化理解や継承のプロジェクト実施，ほかの芸術祭運営支援を担うほか，サポーターネットワーク・行政・民間の媒介者としての機能を果たしている。瀬戸内国際芸術祭の会場となる島々と恒常的に関わりをもち，活動をおこなっている点は特徴の一つである。2014 年 9 月時点で職員（有償）は 9 名であった[14]。

---

11) 筆者が会期前に会場となるある島を訪れていた際，その島の自治会長や市職員と作品担当の同社スタッフが打ち合わせをしている場面に出くわしたこともある。

12) http://www.artfrontgallery.com/（最終閲覧日：2017 年 10 月 27 日）

13) その前身として，瀬戸内国際芸術祭サポーターこえび隊（2009 年設立），任意団体瀬戸内こえびネットワーク（2010 年 12 月設立）があった。

3）現場での実働スタッフ

　各会場に展示されるアート作品が決定すると，作品制作が始まる。作品制作には多くの人手が必要となることは珍しくない。会期中は 200 以上の作品が島々と港に展示されるため，（受付，情報提供，誘導などの）それぞれの作品と鑑賞者をつなぐための人手も必要となる。会期終了後の作品撤収作業も発生する。

　この芸術祭では，ボランティアサポーターの力を借りてこうした作業をおこなっている。また，この形式をとることで，誰しも（鑑賞者も含む）が芸術祭を作り・運営するプロセスに参加可能となっている。ボランティアサポーターにはいくつかのタイプがある。

①ボランティア：島民

　島民が，アーティストの作品制作に協力することも珍しくない。むしろ，作品の制作に島民が関わるのが，この芸術祭をはじめとするサイトスペシフィックな芸術祭の特徴の一つである。彼らは，会期中も自治会や地縁組織単位で，あるいは有志のグループで作品管理・受付に携わることが多い。

②ボランティア：こえび

　「こえび隊」メンバーには，登録をすれば誰でもなることができる。したがって，鑑賞者（＝ゲスト）が次の来訪時には「こえび」として運営側（＝ホスト）となり，その次の来訪の機会には再び鑑賞者（＝ゲスト）となることも可能である。「こえび」活動は，1 日の活動期間でも受け入れてくれる。

　「こえび」の活動は，会期中とその前後であれば会場受付，作品準備・撤収，会期外であれば芸術祭の会場となる島々での行事への参加やイベントの実施，常設の作品であるレストランでの作業補助などである。受付業務の際は当日，所定の集合場所・時刻に集合し，活動の留意点の指示を受け，受付道具の入ったバッグ，名札，往復切符を受け取り，自分のもち場へ船で移動し，ボランティア業務に従事する。初参加でも，作業マニュアルと日誌を参照すれば，業務が遂行できる。

　瀬戸内国際芸術祭活動報告によれば第 1 回（2010 年）の「こえび」の数は，受付・作品制作で実働 800 人，延べ 8,500 人で，会期終了直後のこえび隊登録人数は2,606 人，第 2 回（2013 年）においては作品制作・受付・作品撤去で実働約 1,300 人，

14）http://www.koebi.jp/（最終閲覧日：2017 年 10 月 27 日）

07 アートプロジェクトにおける観光文化の創造　　153

延べ約7,000人，その居住地は36都道府県に及び，海外（ニューヨーク，パリ，台湾，香港など）からの参加もあったという。そして，第3回（2016年）においては，前年の準備から閉会後の作品撤去までの間で実働約1,100人，延べ人数約7,000人，居住地は43都道府県と海外（台湾，上海，香港，シンガポール，アメリカ，フランスなど）で，海外ボランティアが1割強を占めたという（瀬戸内国際芸術祭実行委員会2011：28, 2013：40, 2017：39）。このデータからは，こえびスタッフの多様性と定着（リピーター数の増加）の傾向をみてとることができる。

③ボランティア：市民，企業

会場となる島のある市町の中には，「こえび隊」とは別に，島民以外の地域住民による会場運営補助のためのボランティアグループが組織されることもある。その傾向は，会場となる瀬戸内海の島々のなかでも地理的条件で十分な数の「こえび」の確保に不安を抱える西の島に顕著にみられる。たとえば，西讃(せいさん)に位置する粟島（三豊市）では，島の観光資源の一つである海ほたるにちなんで「海ほたる隊」，高見島（多度津町）では「さざえ隊」と称したグループが組織されている。このほか，企業単位で会場受付などに携わるボランティアもある。

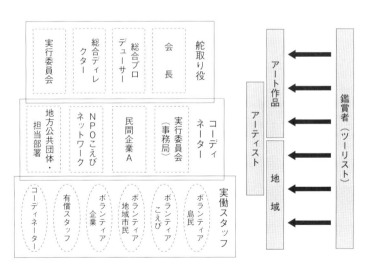

図7-2　瀬戸内国際芸術祭における運営体制（筆者作成）

④業務委託

第3回芸術祭においては，人材派遣事業に携わる企業からの派遣スタッフ（有償）が作品管理・受付業務を請け負っている会場ならびに作品も存在した。

● 2-4　小括：役割分担したうえでの協働

瀬戸内国際芸術祭の計画書では，「アート作品を介して，アーティスト，島民，ボランティアサポーター，実行委員会が同調・呼応し，協働でこの芸術祭を創っていくこと」が明文化されているわけだが，運営体制の具体的な様態をみていくと，ここでいう協働は，役割分担のうえに成り立っていることが明らかとなってくる（図7-2）。

まず，舵取り役のプロデューサーとディレクター，そして実行委員会長は，このアートフェスティバルの指針・目的を明示し，芸術祭の根幹であるアート作品／アーティストを選定する。これを受けて，アート作品の制作に関わる部分をアーティストと民間企業Aが担い，こえびネットワークや開催地市町担当部署，民間企業Aが綿密な連携を図りながら，制作の実働や会期中の会場運営をおこなう。そして，彼らの指揮の下，さまざまな形のボランティアが会場で活躍する。以上から，本芸術祭は，多様なアクターが網の目のような連携の下で繰り広げる協働によって実施されていることがわかる。それは，運営従事者が官（県・市町），民（民間企業A，地元企業ほか），公（こえびネットワーク，福武財団），そして，個々人に及ぶものと捉え返すこともできる。

ところで，これだけ多様なアクターが関与する同芸術祭においては，どのようなコミュニケーション・コード（橋本 2017：158–160）が存在し，生成されているのだろうか。殊に，芸術祭の会場となる離島においてどうなのだろうか。次節では，会場となったある一つの離島を例にとり，住民の芸術祭とそれに関するアート実践への関与の様態を捉えていく。そこから，異なる立場にあるアクターたちのコミュニケーションの様態を考察する。

3　住民の芸術祭への関わりの様態：ある離島の事例から

芸術祭においては，何よりもまず，アート作品がそこにあることが前提となる。瀬戸内国際芸術祭では，作品選定を総合プロデューサーと総合ディレクターが，そして決定を実行委員会がおこなう。会場運営については，市町関係者，民間企業A，

07　アートプロジェクトにおける観光文化の創造　*155*

こえびネットワークが全体統轄し，そのもとで島民をはじめとするボランティアが
会場受付や来場者誘導といった現場の運営を担うやり方を統一路線としている。さ
らに，会期前にはアーティストが来島して作品制作に取り組むので，島民，ボラン
ティア，市町関係者がサポートする。会期後の撤収も同様である。

　瀬戸内国際芸術祭会場の一つである A 島においても，大枠はこれに則って運営
されてきた。しかし，実践を詳しくみていくと，この島においては，瀬戸内国際芸
術祭 2016 においては，島民がアーティストの選定に関して意向を示し，結果的にそ
れが汲まれた経緯があった。また，A 島でのアートをめぐる実践を経年調査すると，
この意向の背景に，継続的に展開されているアーティストインレジデンスの取り組
みがあることも浮き彫りとなってきた。

● 3-1　A 島概観

　A 島は，香川県に位置する B 市の一地区にあたる。人口約 68,500 人（2010 年）
の同市において，A 島の人口は 289 人（全体の約 4%），島内高齢化率は約 92% であ
る [15]。A 島が瀬戸内国際芸術祭会場となったのは第 2 回（2013 年）の芸術祭からで，
第 3 回（2016 年）においては，8 作品の展示と一つのパフォーマンス披露があった。
会期は秋のみ（30 日間）で，この間に約 2.3 万人が来島した。

● 3-2　アーティストインレジデンスの実践

1）経　　緯

　A 島では，瀬戸内国際芸術祭第 1 回が開催された 2010 年より，アーティストイ
ンレジデンス（以下，AIR）を実施している。これは香川県の文化振興事業として
開始されたもので，当時は，県が選定したアーティストが来島し，A 島に暮らしな
がら数か月間にわたって制作活動をおこない，成果発表を期間終了時におこなって
いた。2013 年の第 2 回瀬戸内国際芸術祭までに計 17 名が AIR アーティストとし
てこの島で活動し，このうちの 8 名は第 2 回（A 島においては初回の）瀬戸内国際
芸術祭アーティストとして A 島で作品を発表した。このとき A 島に設置された作
品は全部で 14 作品であったので，半数以上が「県のお墨付き」のある A 島 AIR ア
ーティストによって手がけられたものであったということになる。

　こうして 3 年（4 年度）にわたって展開された県の AIR 事業は第 2 回瀬戸内国

---

15) 2010 年度国勢調査より。

際芸術祭開催年に終了となった。しかし島では島民から AIR 継続を要望する声が上がった。これを受け B 市では，2014 年より市の独自事業として AIR を実施する。それまで年 2 回の招聘だったものを 1 回にしたものの，実施形態はほぼ同様とした。アーティストの選定は，瀬戸内国際芸術祭 2013 において A 島で作品を発表した芸術系大学で教鞭をとるアーティスト C 氏がおこない，選定に際しては，瀬戸内国際芸術祭に出展可能なクオリティであることと，島民の意向（アート分野，性別など）が考慮された。

2）アーティストや作品と住民の関わり
①事例 1：市独自 AIR 招聘アーティストの制作活動への島民の関与

AIR アーティストは島民との交流を介して作品のモチーフとなる地域資源を「発掘」していく。一方島民は AIR において，作品制作の手伝いをしたり，アーティストの島暮らしを支える。

2014 年市独自 AIR アーティストの一人の布作家は，島民から染物で作ってほしいモノとその理由をオーダー票で受け付け，制作するプロジェクトを立ち上げた。オーダーを受けるとアーティストは，注文品にまつわる物語をさらに詳しく注文者から聞き，その情報をもとに作品制作をすすめた。オーダーは滞在中に作りきれないほどあったそうで，納品した作品には，来島者歓迎用の幟，大漁旗，島の四季をあしらったモンペなどがあった。染めや縫製といった一連の作業には島民も携わり，作家の留守中は島民だけで作業を進めることもあったという。

このアーティストは，翌年も招聘された。これは，滞在経験のある彼女から A 島初滞在のもう一人のアーティストに島での生活の仕方について伝えてほしいとの島民の意向によるものだった。彼女の再訪を多くの島民が喜び，この年も多くのオーダーが寄せられ，制作には，アート活動を支援する島内の任意組織のメンバーが協力した。

A 島では，AIR アーティストも瀬戸内国際芸術祭 2013 に参加したアーティストも，その多くが島を去った後も現役 AIR アーティ

図 7-3　タペストリー制作に参加する住民（筆者撮影）

図7-4　来訪者対応するK氏（右奥）（筆者撮影）

ストの成果発表会の時期に再訪し，島民やアーティストとの交流を重ねている。また，AIRアーティストの来島の際には「入学式」，離島の際には「卒業式」と銘打って歓送セレモニーがおこなわれる。

②事例2：作品の維持管理を担う住民

2013年AIRアーティストが手がけた第2回瀬戸内国際芸術祭出品作品（D）の展示終了後の維持管理についても触れておきたい。

第3回瀬戸内国際芸術祭閉幕後の2017年時点で，瀬戸内国際芸術祭公式HPではA島で鑑賞可能な瀬戸内国際芸術祭2013, 2016への出品作品は2点とされていた。しかしこれ以外にも同島には鑑賞可能な作品がある。その一つが作品Dである。この作品は，第2回瀬戸内国際芸術祭終了後のマスメディアの紹介や書籍出版が契機となり，A島のアート作品の中で最も知名度ある作品といってよいだろう。開館日（月2回）には常時来訪者がある。

この作品の制作者は2013年AIRアーティストの女性である。K氏（後述）によれば，彼女は空き家となった元郵便局（K氏所有）を訪れ，入口のところにあった鏡で自分の姿をみて，（島はきれいだけれど，漂流物が多い）「わたしもこんなところに流れ着いてしまった」と思ったのだという。この建物の持ち主であるK氏はそんな彼女に，島の歴史，モノ・コト・ヒトの流れについて話したという。彼女は，K氏の話と鏡のなかにみた自分の姿，自らの眼でみた島の様子をもとに，作品のコンセプトをつくりあげ，「いつかどこかのだれか宛」の「届け先のわからない手紙」を受け付ける作品Dをこの元郵便局で完成させた[16]。

瀬戸内国際芸術祭 2013 で発表されたこの作品では，アーティストたっての要望で元郵便局員の K 氏が作品 D の「局長」に就任した。会期中は，「局長」が一人で鑑賞者の対応をすることも珍しくなかったという。

この作品は，瀬戸内国際芸術祭 2013 終了後取り壊すことになっていた。しかし K 氏は，この作品を維持管理（＝開局）し続けることを決断する。2017 年 9 月現在，「開局」から 4 年弱の間に葉書と手紙の数は約 24,000 を数えるまでになった。K 氏は作品の一部である行き先のない郵便物を毎日受け取り，一通ずつ受け取り印を押し，到着枚数を数え，手紙に目を通し，管理している。また，作品 D は月に二度開局しており，K 氏も作品の一部として制服姿で来訪者に応対する。

瀬戸内国際芸術祭の会場となった各島には，作品がいまも数多く点在している。しかし作品 D のように，瀬戸内国際芸術祭実行委員会や市町，福武財団の手を離れたあとも，費用も含め住民が維持管理を担っている作品はほぼ皆無である。瀬戸内国際芸術祭 2013 終了後，K 氏は作品撤去の選択もできたわけだが，「行き場のない手紙をそのままにはできない。書く人がいて手紙がくるのなら」と，手紙を出す人の想いに寄り添う，作品維持の道を選択した。

● 3-3　瀬戸内国際芸術祭 2016「A 島アーティスト」の指名

瀬戸内国際芸術祭 2016 においては，アーティストの最終選定は総合プロデューサーと総合ディレクターに委ねられ，アーティストと作品の配置の決定は実行委員会に委ねられていた。この状況のなか，AIR 経験を重ねてきた A 島の住民たちは，市担当者に対して，第 3 回瀬戸内国際芸術祭（2016 年）の A 島のアーティストに，B 市独自 AIR アーティストを含む，過去に A 島で活動したアーティスト——第 2回終了後非公式作品となった作品 D も含む——を加えてほしいとの意向を示した。住民はこれまで島と関わりのあったアーティストと彼らが作る作品，そして彼らの作品制作への関与を求めたのである。

この意向を受け，市担当者や 2013 年から A 島と関わりのある C 氏が仲介役となり，実行委員会などの舵取り役と調整が図られた。その結果，C 氏のキュレーションのもとでの作品制作を条件とすることで，住民の想いが汲み取られ，元 AIR アーティストによるグループ展示が実現した。第 3 回芸術祭の A 島の新作品は 15 作だった。このうち 13 作品が元 A 島 AIR アーティストおよび第 2 回芸術祭 A 島出品

16）K 氏への聞き取りより。

アーティストによって制作された。島民は彼らの作品制作に積極的に関わったという。

● 3-4　瀬戸内国際芸術祭 2016 への島民の関わりの様態

　A島における瀬戸内国際芸術祭に関するアート実践として，最後に第3回瀬戸内国際芸術祭時の島民の芸術祭への関わりの様態にも触れておこう。A島では，作品受付や誘導といった来訪者対応は主にB市職員と島外ボランティア，委託スタッフ（有償）が担っていた。第3回芸術祭では「食」に力点がおかれ，会場となったすべての離島で，島の関係者や島民と首都圏のレストランなどで活躍するシェフが，島にゆかりのある食提供をする取り組みが展開された（食のフラム塾）。A島でもこのプロジェクトがおこなわれたが，地域側でこれに関わったのは市内の料理人とB市在住の観光振興従事者であり，島民は関与していなかった。会期中彼らは作品制作──特に（元）AIR アーティストのそれ──に関与したり，一部の作品に限って作品受付を請け負ったり，手作りみやげもの販売や，喫茶営業で来島者をもてなしたり，芸術祭開催にあわせて開催された外国航路乗組員の写真パネル展覧会での来場者対応をしたり，島内各所の清掃を担ったりしていた。

● 3-5　小　　括

1）「はみだす」実践

　A島での瀬戸内国際芸術祭 2016 に関わる一連の実践は，このアートフェスティバルの実施の「規範」に則りつつも，部分的に「はみだした」形で展開されたものと捉えることができる。その「はみだし」は，住民の主張・期待・要望によるもので，その素地は 2010 年から続く AIR を通じて，彼らがアート作品やアート制作のプロセス，アーティストおよび作品と向き合う術を修得したことで養われていたといってよいだろう。AIR を介し，毎年アーティストとアートと向き合うなかで住民は，アートプロジェクトを語る「言語」を得たともいえる。たとえば市独自 AIR が開始される際，島民はC氏に対し，彼らが望む作品のタイプやアーティストを明示したという。さらに彼らは瀬戸内国際芸術祭 2016 においても，過去の「A島の」アーティストがやってくることを望み，そのための交渉をする，という「はみだし」の行為にでた。

　AIR を介したアートやアーティストとの接近は，瀬戸内国際芸術祭 2013 会期終了後に作品Dの管理・維持に動いたK氏の実践にもみてとることができる。この

作品のコンセプトそのものが多くの人をひきつけ続ける要因となっていることはいうまでもないが，瀬戸内国際芸術祭の管理の手を離れ，アーティストがほぼ不在となっても，ライフワークとしてK氏が作品の要である一つひとつの郵便物と建物の維持管理を担い，自らも局長という作品の一部としてそこに身を置く実践は，アートとの向き合い方の術の修得の表れと理解してよいだろう。

2) 実践の地域化

以上みてきた「はみだし」の実践とこれに至るプロセスは，「はみだし」と捉えている時点で，規則規範をつくった側の視点に立った評価といえる。この事例の場合は，芸術祭の実施を中核的に担う主体の視点から捉えた評価である。しかし視点を変えて，現場からこの実践を捉え直すならば，この「はみだし」は，瀬戸内国際芸術祭というアート実践が，地域に馴染み始めたことの表れと理解することもできる。

これは，外部からもち込まれた芸術祭およびアートプロジェクトという，離島島民にとって非日常の「大きなプロジェクト」が，彼らが望むAIRを重ねることで日常化（非日常の日常化）し，かつ，そのプロセスで彼らがアート実践を語り・評価する「言語」を得たことで地域化（橋本 2018：37-38, 158-167）に至った状態と解釈できる。もう少し詳しく分析すると，B市独自AIRの実践は橋本がいうところの，アートプロジェクトの「土着化」移行の段階であり，第3回芸術祭におけるA島に見られた動きは，AIR「土着化」の経験を通じて島民が獲得したアート実践に対する価値観を基に，芸術祭を「ローカル化」から「土着化」へと移行させつつある段階と捉えられる。さらにここで注目するべきは，彼らが外部からもち込まれた「やり方」やコンセプト——アートの質の担保，運営方法——を度外視するのではなく，それらと彼らのやり方や価値観を共存させるかたちで，いわゆる「土着化」へのプロセスを進行させている点である。普遍性と個別性を戦略的に組み合わせることで，自分たちにとっても意味のある——楽しい出会い，楽しい作業，インフラ確保，経済効果——実践へとマイナーチェンジしているのである[17]。

3) 二つの「精密コード」の生成

「はみだす」実践と実践の地域化について，さらにふみこんで整理してみよう。
橋本和也は『観光人類学の戦略』において，観光の現場で生じるコミュニケーシ

---

17) 「地域化」の理論に基づいた本事例の分析は，別稿で改めておこないたい。

ョン・コード（限定コード／洗練コード）について論じている（橋本 1999：152-155）。橋本は本書 8 章の「観光文化」創造のプロセスの分析でも、洗練コードを精密コードと言い換えたうえで、これらコードの重要性を指摘する[18]。このコード概念は、本節で提示した「はみだす」実践、すなわち実践の地域化の整理にも応用可能である。

「はみだす」実践のプロセスにおいては「精密コード」が生成されている。これは、A 島で制作活動をおこなったアーティストたちと A 島の住民たちの間で生成されている。本項 1) では、住民の立場から、「彼らがアート作品やアート制作のプロセス、アーティストおよび作品と向き合う術を修得した」と述べた。これは、住民の立場からみたアーティストの実践と作品そのものに関する「翻訳」作業である。一方、アーティストたちもまた、当該地域を理解する、作品モチーフを探す、作品を作る、そして、限られた期間ではあるもののその土地に居住するプロセスを通じて、「翻訳」作業に取り組んでいる。つまり、アート作品とその制作の実践を介し、双方が「翻訳」作業をおこない、そこから「精密コード」が生成されているのである。

次に、A 島の住民はこの「精密コード」を携えて、別の「精密コード」の生成に歩みを進める。こちらの「翻訳」作業は、瀬戸内国際芸術祭 2016 の開催にあたって、A 島滞在経験のある AIR ／瀬戸内国際芸術祭アーティストを同島の芸術祭アーティストとして選定してもらうことを求めた際になされている。ここで、市職員や C 氏が仲介役となり、彼らに加え、芸術祭の舵取り役も「翻訳」作業をおこなったことで、「精密コード」が生成された。

4)「通訳者」の存在と役割

本項の最後に、ここまでみてきた一連のプロセスにおける「通訳者」の存在についても言及しておきたい。

A 島での実践（コード生成のプロセス）においては、A 島の住民の想いを実行委員会に伝達し、また、瀬戸内国際芸術祭実行委員会の実施方針を住民に伝える役割を担う人物が存在した。B 市役所の瀬戸内国際芸術祭担当職員であった。同職員が、意向の意図までを捉えて他者にそれを伝える、自身の交渉では先行きがみえない場合にはしかるべき人物に調整を依頼する。同職員の全体を見渡した調整が A 島でのアート実践の進展の原動力の一つになっていたことは看過できない。しかも、そ

---

18) 限定コード／精密コードに関しては橋本（2017）も参照。

の実践が翻訳ではなく通訳であった点が重要だろう。

　また，本事例においては，自身もアーティストで，A 島の AIR アーティスト選定を担う C 氏も「通訳者」の立場にあったといえる。市職員がどちらかといえば島民の「限定コード」を起点として「精密コード」を携えた通訳者とするならば，C 氏は，アーティストの「限定コード」とこの芸術祭という「大きなプロジェクト」側の「限定コード」を起点とし，AIR を介して「精密コード」を修得した通訳者といえる。彼らが，会場となる島に暮らす人々と，芸術祭の実施主体の中核を担う人々，そしてアーティストの間で，「通訳」作業をおこなったことで，芸術祭の地域化（＝「はみだし」の実践）が生起したのである。

4 おわりに：観光文化創造の現場としての芸術祭

　サイトスペシフィックなアート作品は，地域に創出される特殊性と普遍性を兼ね備えた地域資本といえる。一方，芸術祭は，場所と結びついたアート作品というモノを介して，人とモノ，人と人，人と場所を結ぶ機会・空間であり，人々に交わりや協働を生起させることで，新たなコミュニケーション・コード生成の場となることがある。しかも芸術祭に鑑賞者である観光者が来訪することを勘案すると，こうしたコード生成プロセスは，橋本がいうところの「観光の現場で観光者が出会う文化」，つまり「観光文化」生成の過程と解釈できる（橋本 1999：152）。前項で示したコード生成プロセスは，鑑賞者の目には触れないものの当該地の「観光文化」を支える基盤と捉えられるだろう。

　また，芸術祭という場に立ち現れる人々の交わりは，異なる立場の人々によるもので，ホスト・ゲスト関係が流動的である。本章でもみてきたように，芸術祭の会場となる離島の住民はアート作品の鑑賞者（観光者）と接しているだけではない。アーティストとも，ボランティアとも，コーディネーターとも関わりをもっている。また，彼らは，ホスト（＝さまざまな立場の来島者を迎える側）に定置されたままでもない。アーティストとの関係において，あるいはアート作品制作の場面においては「ゲスト的」立場になる。アーティストもまた，アート制作においては「ホスト的」立場にあるが，作品のモチーフに関する知見の深さ，島で継承されてきた生活の技や知恵というところでは「ゲスト的」立場になる。地方開催の芸術祭では，こうした流動が会期中・外において常時生起しており，この流動が，多層的な「精密コード」を生成させる。そして，コード生成プロセスのなかで，芸術祭の地域化も

07　アートプロジェクトにおける観光文化の創造　*163*

進行しているのである。

　最後に，観光まちづくりと人材育成という観点からまとめよう。

　瀬戸内国際芸術祭は，瀬戸内の島々が国内外の人々の旅行の目的地となることで，交流人口を生み，さらに経済効果が生み出されることが期待されている。こうしたヒト・カネ・モノの流動を生起することで，地域に暮らす人々が誇りと元気を取り戻すことも期待されている。瀬戸内国際芸術祭は回数を重ねるなかで，これを着実に実現しているといってよいだろう。それを下支えしているのが本章前半で言及した運営体制であり，それを下敷きとして「地域化」の歩みを進めているのが本章後半で取り上げたA島である。

　この実践を観光まちづくりと人材育成という観点から捉え返すならば，このプロセスの生成には，さまざまなアクターが現場で活躍し，彼らの新たなコード生成を可能とする場の創出ができる人材が必要といえる。本事例の「大きなプロジェクト」の視点でみるならば，その役割はコーディネーター（図7-2）が担っている。一方，A島のようなより具体的な現場においては，「はみだしの実践」の事例でみたB市職員やC氏のような現場と運営組織を結ぶコーディネーターがそれを担っている。彼らには「翻訳」に加え，「通訳」の力が求められる。彼らには，つなごうとする双方の意向や規範，さらにはその周辺にまで広がる関係性や作用を見通したうえでの「通訳」が期待される。こうした「通訳者」が存在し，彼らによる場の創造が，観光まちづくりの現場にかかわる人材（＝アクター）の育成へとつながっていくのではないだろうか。

[付記・謝辞]

本章は拙稿ならびに学会発表内容（山田 2017a, 2017b, 2017c）に加筆修正を加えたものである。本章にかかる調査研究にあたっては文部科学省科学研究費補助金基盤研究C（課題番号：15K03045）の援助を受けた。調査にご協力いただいた関係者のみなさまに心より御礼申し上げます。

【引用・参照文献】

北川フラム・瀬戸内国際芸術祭実行委員会［監修］（2011）．『瀬戸内国際芸術祭 2010―作品記録集』美術出版社

北川フラム・瀬戸内国際芸術祭実行委員会［監修］（2013）．『瀬戸内国際芸術祭 2013―作品記録集』美術出版社

北川フラム・瀬戸内国際芸術祭実行委員会［監修］（2016）．『瀬戸内国際芸術祭 2016 公式ガイドブック―アートめぐりの島旅ガイド―春・夏・秋』現代企画室

瀬戸内国際芸術祭実行委員会（2010）．『瀬戸内国際芸術祭 2010 総括報告』（PDF 版）
　〈http://setouchi-artfest.jp/news/topics/detail7.html（最終閲覧日：2016 年 10 月
　19）〉
瀬戸内国際芸術祭実行委員会（2011）．『瀬戸内国際芸術祭 2013 基本計画』（PDF 版）（最
　終閲覧日：2016 年 10 月 26 日）
瀬戸内国際芸術祭実行委員会（2013）．『瀬戸内国際芸術祭 2013 総括報告』（PDF 版）
　〈http://setouchi-artfest.jp/news/topics/detail7.html（最終閲覧日：2016 年 10 月
　19）〉
瀬戸内国際芸術祭実行委員会（2014）．『瀬戸内国際芸術祭 2016 基本計画』（PDF 版）
　〈http://setouchi-artfest.jp/news/new/detail1.html（最終閲覧日：2016 年 10 月 26
　日）〉
瀬戸内国際芸術祭実行委員会（2015）．『瀬戸内国際芸術祭 2016 実施計画』（PDF 版）
　〈http://setouchi-artfest.jp/news/new/detail2.html（最終閲覧日：2016 年 10 月 26
　日）〉
瀬戸内国際芸術祭実行委員会（2016）．『瀬戸内国際芸術祭 2016 の総来場者数について』
　（PDF 版）〈http://setouchi-artfest.jp/press-info/press-release/detail146.html（最終
　閲覧日：2016 年 11 月 20 日）〉
瀬戸内国際芸術祭実行委員会（2017）．『瀬戸内国際芸術祭 2016 総括報告』（PDF 版）
　〈http://setouchi-artfest.jp/news/topics/detail7.html（最終閲覧日：2017 年 9 月 10
　日）〉
日本銀行高松支店・瀬戸内国際芸術祭実行委員会（2010）．『「瀬戸内国際芸術祭 2010」
　開催に伴う観光客増加による経済波及効果』（PDF 版），（最終閲覧日：2016 年 10 月
　25 日）
日本政策投資銀行・瀬戸内国際芸術祭実行委員会（2013）．「瀬戸内国際芸術祭 2013」開
　催に伴う経済波及効果〈http://www.dbj.jp/pdf/investigate/area/shikoku/pdf_all/
　shikoku1312_02.pdf（最終閲覧日：2017 年 10 月 27 日）〉
野田邦弘（2011）．「現代アートと地域再生―サイト・スペシフィックな芸術活動による
　地域の変容」『文化経済学』*8*(1)，47-56.
橋本和也（1999）．『観光人類学の戦略―文化の売り方・売られ方』世界思想社
橋本和也（2017）．「産官学民の連携に基づく観光人材育成のための理論の構築に向け
　て」橋本和也・堀野正人・遠藤英樹・金武　創・岡本　健・森　正美・片山明久
　［編著］『観光まちづくりと地域振興に寄与する人材育成のための観光学理論の構築
　研究成果最終報告書』（平成 25-28 年度科学研究費補助金基盤研究（C）（課題番号
　25501025）），151-171.
橋本和也（2018）．『地域文化観光論―新たな観光学への展望』ナカニシヤ出版
美術手帖［編］（2009）．『現代アート事典―モダンからコンテンポラリーまで…世界と日
　本の現代美術用語集』美術出版社
福武總一郎・北川フラム（2016）．『直島から瀬戸内国際芸術祭へ―美術が地域を変えた』
　現代企画室
堀野正人（2011）．「アートの観光の展開について」『地域創造学研究』*21*(4)，1-36.

山田香織（2017a）.「サイト・スペシフィック・アートプロジェクトから観光人材育成について考える―地方開催の芸術祭における運営体制に注目して」橋本和也・堀野正人・遠藤英樹・金武　創・岡本　健・森　正美・片山明久［編著］『観光まちづくりと地域振興に寄与する人材育成のための観光学理論の構築 研究成果最終報告書』（平成 25-28 年度科学研究費補助金基盤研究（C）（課題番号 25501025）），81-100.

山田香織（2017b）.「アート作品を介したアーティストと住民の関係性」『観光学術学会第 7 回研究大会発表要旨集』, 34-35.

山田香織（2017c）.「地方国際芸術祭のローカル化と地域振興」『地域活性学会第 9 回研究大会発表要旨集』, 238-241.

第 III 部

まとめ

観光人材育成のための理論に向けて

08 人づくり・地域づくりのための 理論の構築に向けて

橋本和也

1 はじめに

　序論で本書の概括がおこなわれているが，本章では，そこでなされている議論を踏まえたうえで，観光人材育成のためのグランド・セオリーをいきなり模索するよりも，大学，地域の人々，行政や企業が相互に連携するときにどのような関係のあり方が求められるのか，そしてその関係を構築・維持・発展させることができる「人材」をいかに育成するかを明らかにする方が妥当であろうと判断した。というのも，「観光まちづくり」や「産官学民の連携活動」における人材相互間の関係がどのように育成されるべきかについては，いままで議論されることがなかったからだ。求められる人材が，夢を語って人々を牽引するリーダーか，見出された課題に取り組みやすく手助けをするファシリテーターかはそれぞれの現場や関係のあり方において異なってくる。本章ではまず「観光人材」についての概要を整理し，観光分野における人材育成の特徴を明らかにする。その後，産官学民の連携のさまざまな現場で生起する現象や課題を分析するために必要とされる理論と，その理論を現実レベルで解釈し妥当性をもって行動できる人材について考察する。それぞれの現場で遭遇し，引き起こされる問題を解明・分析し，対処方法を導き出すための理論と，それを現場で応用・説明できる人材の育成についての考察が必要だと考えたためである。今日の観光研究の領域は，当初のようにホテルや観光業を対象にしたマネジメント・ホスピタリティ部門だけではなくなり，地域の活性化に寄与するためのさまざまな要素が複雑に絡み合う「観光まちづくり」の分野にまで広がっている。その状況下における観光人材育成のための理論を展望することが求められているのである。

2 「観光人材」研究の特徴

　本章の目的は,「産官学民の連携における観光人材育成」について考察することである。すなわち,一つの分野における人材育成ではなく,性質の異なる領域が連携する場面において活躍できる人材を育成するための理論の構築である。本書の基盤となった科研費研究では,産官学民が連携する具体的な事例を調査することから始めた[1]。

● 2-1　産官学民連携の場に求められる人材

　身近な事例としては,大学が地域・行政・企業と連携して地域振興を図り,政策提言をし,商品開発をする事例などがある。大学では地域との連携がある程度進むと,インターンシップ制度を立ち上げ,地域・行政・企業間で学生の育成プログラムを実践する。産官学民の連携に基づく観光人材育成という場合,ほかの人材育成プログラムとはどこが異なるのであろうか。そこには観光のもつ独特の性格が反映されることになる。森が以前指摘したことだが,地域の問題への対処というとどちらかというと暗いイメージをもちがちだが,観光というキーワードがつくと何か明るいイメージになり参加者も活発な動きをみせるようになる(森 2015:28)。これまでに蓄積している問題に対処するだけではなく,新たな観光企画の提案の形で乗り越えようという動きになる点が大きな特徴であるといえよう。

　ではそのような連携の場で求められるのはどのような人材であろうか。本章が対象とするのは産官学民が連携する現場であり,異なる領域・分野の人々が集まり,連携を図る場面である。さまざまな領域の人々が初めて「北の観光まちづくりリーダー養成セミナー」(敷田 2015)や「伏見桃山・中書島ゆらふプロジェクト」(本書第6章)に参加するような場合が問題となるのである。ここでは必ずグループでの議論と計画・方針決定がおこなわれるが,そのときに参加者に何が必要とされるかが問題となる。たとえば,「きたかん.net」ではこの参加者たちがどのような人材に育ってほしいのか,「伏見桃山・中書島ゆらふプロジェクト」ではどのような役割を果たすべきなのかが問題となっていた。以上のことを踏まえても,どのような訓練を受け,どのような資質を育んでいくべきかを理論的に明らかにすることが求められているのである。

---

1)「九州ツーリズム大学」「松本大学」「阪南大学松村ゼミ」「各大学の教育」「北の観光まちづくりリーダー養成セミナー」「きたかん.net」などの事例を研究会では調査し,『中間報告書』(橋本ほか 2015)に掲載した。また,科研メンバーがそれぞれ関与してきた個別の連携の事例も『最終報告書』(橋本ほか 2017)には記載されている。

旅行商品は「とんがった」ものでないと波及力がない。グループで議論したものは「とんがった」角がとられる過程を踏むことになり，多くが妥当だと認めるものになる傾向があると，「きたかん.net」の参加者が話していた。産官学民が連携する現場とは，企業の旅行商品を企画する現場とは異なる。「角」の部分を削って，グループ全員がそれぞれの事情を勘案して参加可能なものに仕上げた「企画品」になる。それゆえ，他者から与えられたものではなく，自らが生み出したものとして主体的に取り組むことが可能になるのである。地域の人々が取り組む「観光まちづくり」では，上から「とんがったもの」を押しつけられるのではなく，計画段階から参画した人々が議論をし，合意し，広く効果的に運用していく。このような場面においては，リーダーよりも合意に導くことのできるファシリテーターが望まれる。しかしながら，比較的余裕のある商店街の「伏見桃山・中書島ゆらふプロジェクト」のように，早急の対処が必要ないと参加者が考えている場合には，積極的な参加が得られず，ファシリテーターの力を発揮する場面がなかったという。

● 2-2 「観光人材育成」に関係する 14 の理論

ここでは，既存の理論のうち，本研究に十分に応用可能と思われる理論をいくつか挙げてみよう。観光と観光人材育成に関する理論として，人類学・社会学・観光学やその他の領域から，以下の 14 の理論を挙げてみた（表 8-1）。

本論では，まず①地域の問題が問題として醸造される「萌芽段階」，②問題がほかの人々と共有され，賛同者が加わっていく「新規加入段階」，③産業界，行政，大学，地域などの異なるコミュニケーション・コードをもつ集団との「連携段階」においてどのような問題が起きるのかを明らかにし，分析・解決するために表 8-1 に挙げた理論をどのように適用していくかを考察する。そして④「大学における観光実践

表 8-1 「観光人材育成」に関係する 14 の理論

1	コミュニケーション・コードの獲得	2	コミュニタス論と連携・ネットワーク形成
3	イニシエーション儀礼理論	4	裏局面・表局面
5	真正性の理論	6	移動する文化
7	文化の客体化	8	文化の商品化
9	交換・贈与	10	文化の相対性
11	伝統の創造	12	文化的産物としての観光（マキァーネル）
13	アクティブラーニング	14	アクターネットワーク理論

活動に関する理論」と，⑤「観光人材育成に関する理論」について考えることにする。まずは，地域づくりの「萌芽段階」とそのときによく引用される「3人のバカ者」論から考察する。

3 「萌芽段階」：「3人のバカ者」論

地域の取り組みが成功するためにはよく3人の「バカ者」が必要だといわれる。理想を語るバカ，それを実現させるために計画面・マネジメント面から支えるバカ，面倒見がよく内部の人間関係がスムーズにいくように組織面で支えるバカという3種類の人間である。この「バカ者」には「よそ者・若者」が加わる場合もあるが，いずれにしてもこの3種類の人間は，「バカなほど」自己の利害を忘れて，その活動に貢献・熱中するという意味での「バカ」である。一つの取り組みが成功するためには，推進ラッパを吹くカリスマ的資質をもつ指導者・リーダー役，計画を作成・遂行する参謀役，そしてその人に頼まれたら断れないという集団の人間関係をしっかりとまとめて保持する人徳のある世話役が必要だということである。地域のまちづくりの現場でよく引き合いに出されるこの「3人のバカ者論」は，「観光人材論」「人材育成論」の理論化にとっても一つの契機となる。この性格を異にする3者は，実は実践的集団内において必要とされる三つの機能・役割を表しているのである。

● 3-1 「萌芽段階」への注目：役割分化以前

まず「萌芽段階」においては，対処すべき問題が地域で顕在化する過程，すなわち「問題が問題として地域で浮かび上がる」過程が重要である。行政・大学などの会議体における問題把握の過程とは異なり，地域では多くの場合すでに何らかの形で知り合っている者同士が，何らかの機会に話題にあがった問題に対処することになる。そのときこの3者が顕在化する。彼らは地域での幼なじみであったり，学校時代の友人であったり，趣味の仲間だったりする。たとえば，飲み仲間が，近くの空き地にパチンコ店ができるとの情報を得て話題にし，なんとかならないかと対処方法を考えた事例がある。そうすると，「伝統的建造物群保存地区」に関する情報を手に入れ，「伝建」の内容を分析し手続きや申請書作成などの役割を進める者や，町内の人々をまとめ署名を集める者が出てきた。口で唱え，叫ぶだけでは一過性の動きにしかならず，「萌芽段階」で終息してしまう。継続し実現させるためには，ラッパを吹くリーダー役だけではなく，参謀役と人をまとめる世話役が必要である。埼玉

県川越市の「蔵の町」はこのような経過を経て実現された（橋本ほか 2006：92-95）。

　「萌芽段階」とは，問題が問題として浮上する前の段階である。日常的感覚を共にする仲間が集まる場のなかで問題が醸成される場合には，個人が問題を意識化する場合よりも早く問題が明らかなものとなり，先鋭化する度合いも強くなる。しかし盛り上がる速度は速くても，その人々の集まりに継続性が欠ける場合には，一時的な興奮を共有するだけで消滅する。まれに集団に継続性がみられ，問題が醸成され続ける場合がある。昔からの遊び仲間や学校の友人，趣味の仲間や飲み仲間などが問題を取り上げた場合であるが，集団に継続性があるので，問題への取り組みが長続きする可能性が高い。

● 3-2　アクターネットワーク理論（ANT）の視点

　この「萌芽段階」はさまざまなアクターとなる「モノや人」が，不確かな性格，役割のまま関与する生成段階であり，非常に興味深い研究領域である。本章の内容に関連づけていうなら，この萌芽段階の動きの重要性を認識する感性をもつ人材が育成されることこそが望まれているといえよう。「産官学民の連携」の場が公に設定される以前の生成過程の段階から，それに関与するあらゆる「モノと人」を「対称的」に，かつ広範囲にみることのできる人材の育成，すなわち「アクターネットワーク理論（ANT）的視点をもつ人材育成」が求められているのである。これは，「問題が問題になる過程」を「問題が問題となる以前」にも視野を広げて明らかにすることになる。山田論文（本書第7章）で「瀬戸内国際芸術祭」の開催以前の動きをも視野に入れてその運営体制についての考察をおこなっていたように，本研究ではこのような「萌芽段階」が生成する過程を明らかにし，それを「観光人材育成のための理論」に反映させることが求められているといえよう。

　この「萌芽段階」の後には，次節で取り上げる「新たな集団への参入過程」が問題となる。さらにその後には「計画作成段階」と「実行段階」という問題が続くが，この両段階に関しては，既存の観光政策論・運動論・マネジメント論などの領域がカバーをしているので，本論では省略することにする。

4　「新入者の加入」：新人研修とイニシエーション儀礼

　先の「萌芽段階」で地域において「問題が問題として醸成」された後，賛同者や参加者を集める第二段階の「新規加入段階」に入る。第二段階において参入する際の

問題点は，新規参入者がそれまでのコンテクストを知らないことにある。「コンテクストの理解」とは，なぜそれが取り上げられ，自分たちの問題として醸成されてきたのかという過程を，それぞれの地域で共有される価値観とともに理解することである。それは目的を理解し，基本的なスタンスを共有するという重要な問題と関連する。「計画作成」という第二段階から参入したメンバーが後に離反するケースが多いが，それはここに問題があるからである。目的・趣旨には同意しても，活動の進め方や何を成果と考えるかという点で互いに同意を得られない場合には，「問題が問題として醸成」される段階に戻って，そもそもの問題意識や価値観を再確認し再共有する必要性があるとの認識が必要である。

　それは企業に新たに就職した新入社員の場合にもいえることである。企業への新入者の多くは「新入社員研修」を受ける。その大きな目的が，新入者に既存の集団のあり方を理解してもらうことにある。会社の創設意図・社是，その会社の文化（仕事のやり方・作法，コミュニケーションのとり方，価値観など）や具体的な情報を共有することなどである。

● 4-1　理不尽な「イニシエーション（加入）儀礼」

　ヒトはさまざまな集団に所属する。公の機関や組織に所属するときには，入園・入学・入社の式典がおこなわれ，個人の加入が正式に認められる。このような公的儀式は執行すること自体に意味があると考えられ，例年通り，従来通り「儀式」的に繰り返し執りおこなわれる。こうした伝統的「イニシエーション儀礼」では，当初は意味が不明で理不尽に思えても，最終段階まで到達した者には儀礼のもつ深い意味が明かされる。

　少し極端な例ではあるが，その一例としてパプア・ニューギニア高地のイニシエーション儀礼を紹介しよう。バクタマン族では，それまで母親と一緒に生活していた少年は，第一段階の儀礼が始まると女性との接触が禁止され，男性としての力をつけるため「男の家」で生活を送る。第二段階では年長組との絆を結ぶ儀礼がおこなわれ，初めて祖先の骨を包んだ黒い布を見せられる。第三段階では男らしさを身につけるために犬の黒い腸とペニスを食べさせられ，第四段階では男弁髪といわれる小さな飾りが攻撃性を示す赤い色に塗られる。第五段階で聖なる狩猟をおこない，第六段階に入ってその獲物が祖先への供犠にされることを告げられ，儀礼の秘密のほとんどを知ることになる。第七段階を終了した後，男は豚を殺し，雄豚を食べることを許され，祭儀を主催する資格を得る。このように年を重ねるごとに「聖なる

秘密」が順次明かされ，成人・壮年になって世界の成り立ちについての知識ととも
に部族維持のための重大な秘密が明かされることになるのである（Barth 1975；橋
本 1980：285-287）。このように身体的な「聖化」をおこない，女性からの「汚れ」
を断ち，理想的な男性性に充たされたなかで何年か過ごす間に，少しずつ秘密が明
かされる。年少の頃は森の精霊の叫び声だと聞かされていたものが，実はイニシエ
ーション儀礼を受ける者が男性性を獲得するために空中で回して鳴らすブルローラ
ー（呻り板）の音であったことが判明するなどという報告がニューギニア高地から
はなされている（Newman 1965）。

● 4-2 「理不尽さ」に耐える意味

　ニューギニアのイニシエーション儀礼において胃の内容物を吐き出し，鼻血を流
し，皮膚の垢をこそぎ落とすという作業は，新入者もその意味を知らされるまでは
理不尽に思えるであろう。これらは，人類学的には，「通過儀礼」において以前の状
態からの離脱を「呪術的」におこなうための儀礼的所作であると説明される（ファ
ン・ヘネップ 1977：ターナー 1988）。しかし，「呪術」の範疇にあるという説明は，
近代合理的視点からは「理不尽」な所作であることを示していることになる。その
後秘密を打ち明けられ，その所作が聖なる力を得て男性性を身につけるための一連
の儀礼の一部であると理解したとき，「腑に落ち」て納得することになる。

　同様に新人研修における理不尽な要求[2]——近年では深刻な問題となり見直され
るケースが増えているとはいえ——は，それまでの世界で養われた素養や知識が新
たな世界では無用となることを示し，以前（学生時代）の自分から新たな世界にふ
さわしい人格に変容するか，またはその気構えを研修者にもたせるという側面もあ
るといえよう。過度な一般化は禁物ではあるが，大学の学生や新卒生を initiate（新
入者）とし，initiator（伝授者）との間の相互関係のあり方や秘密を伝授する事例は，
示唆に富んでいる。

2）日本のテレビのドキュメンタリー番組では，「新入社員研修」として，ただ盛り上げられ
　た砂の山を右から左に移し，移し終わったらまた元の位置に戻すという作業を繰り返し
　おこなう様子を紹介していた。また社是をまる暗記できるまで繰り返し大声で唱えさ
　せる例もある（静岡県立大学短期大学部文化教養学科「文化人類学ゼミナール」1991）。

5 「連携」と「翻訳」：
2種類のコミュニケーション・コード間の「翻訳」

　産官学民がそれぞれほかのグループとの連携をする際には，それぞれがもつコミュニケーション・コード間の「翻訳」作業が必要とされる。コミュニケーション・コードには限られた集団内部でだけ通用する「限定（restricted）コード」と，ある集団の「限定コード」とほかの集団の「限定コード」をつなぎ，相互のコミュニケーションを可能にする「精密（elaborated）コード」の2種類が想定される。ほかの集団とのコミュニケーションを可能にするためには，多言語間コミュニケーションの事例と同様に，他集団の「限定コード」を獲得するために移り住むか，ミドルマン（媒介者）のように両集団の間で「精密コード」を構築するかが考えられる。

● 5-1　2種類のコミュニケーション・コード

　ペインは，バーンスタインのコミュニケーション・コードに関する理論から示唆を受け，閉鎖的なメッセージ・システムと開放的メッセージ・システムとでは成立しているコミュニケーション・コードが異なり，前者には「限定（restricted）コード」が，後者には「精密（elaborated）コード」がみられるという。このコミュニケーション・コードと社会的コントロールとの関係は密接であり，コード化とは「一つのメッセージが，その送り手の意図を正確に理解されるようにする試みである」とペインは定義する（Paine 1976：73）。閉じられたメッセージ・システムは地位を重んじるグループにみられ，グループの地位こそが同意を得る中心的な基盤となる。そこでは個人の自立性が喪失している代わりに，社会的アイデンティティが高められており，重要なのは内容よりも事物がいつ，どのようにいわれるかであり，話し手の意図は当然のものとして受け入れられるという。一方，開かれたメッセージ・システムは，個人的な意図，動機，性向に重きが置かれ，重要なのは何がいわれるかという内容であり，話し手の意図を当然のものとは考えない（橋本 1989：414）。

　新入者は企業や地域の集団とは異なる限定コードのなかで育ち，他集団とは自分なりの精密コードでコミュニケーションをそれまで成立させることができた。入社試験の段階では，この精密コード上でのやりとりがなされ，他者とのコミュニケーションの可能性が審査されたと考えられる。しかし新たな集団に入ることは，次の段階に進むことになる。その集団独自の限定コードを学習し，身につけることによって新たな社会集団への統合が可能になるのである。

産官学民の連携においては，別々の限定コードをもつ二つ以上の社会集団が，相互のコミュニケーションを可能にする新たな「精密コード」を構築できるかどうかが重要である。自らの社会集団内部でのみ通用する「限定コード」とほかの集団内部の「限定コード」との間で交渉が重ねられていくなかで生起する「コードの変容」と「新たなコード（精密コード）の生成」に注目する議論が有効である。

　観光研究においては，ホストとゲストの間に新たな「観光文化」が構築されることが指摘されている。同じように地域・企業・行政の関係者と大学の学生というアクターの間にも，連携のための新たなコミュニケーション・コードや新たな「文化」の形成が必要とされる。それはすなわち新たな「精密コード」の構築ということになる。さらにその連携が密接になった場合には，その「精密コード」が独自の「限定コード」へと変換し，深化する可能性もある。片山論文（第5章）が扱う「創造型観光」では，新たな「精密コード」が生成され，聖地巡礼者と地元の人々との関係が密になるにしたがってそれが独自の「限定コード」へと変換・深化する過程が観察できるであろう。

　この視点からは，連携に関わる産官学民のすべてのアクターが常に変化する状況のもとにおかれるため，安定的・固定的な関係だと安心していると現実に対応できなくなる危険性があるということが明確になる。このような危機感をそれぞれのアクターが常にもつことが要求される。関係は常に変化するものであり，その変化した新たな関係を理解し，それに対処するためには，次に述べる「翻訳」という作業を常に継続的におこなう必要がある。

● 5-2　コード間の「翻訳」

　アクターネットワーク理論（ANT）の流れからは，「翻訳」の問題がクローズアップされる。ローカルなものがグローバルなものに接触するとき，またはその逆の場合において「翻訳」は必要とされる（Van der Duim 2007：969）。これをコミュニケーション・コードの視点からみると，関与する人とモノはそれぞれ独自でローカルな「限定コード」のなかに位置づけられるが，今日避けることのできない移動によってほかの「限定コード」と遭遇した場合に，それぞれがこの「翻訳」作業の必要に迫られることになる。この「翻訳」作業を通して「限定コード」内では思いもよらなかった関係性が生成するわけだが，その関係性を読み解くことができるのが新たなコミュニケーション・コードとなる「精密コード」である。この「精密コード」は，異なる「限定コード」のなかに位置づけられてきたモノ同士・人同士，そ

してモノと人同士が，新たな関係性のなかに位置づけられるために構築されるコードということになる。

1）ホストとゲスト間の「翻訳」

典型的な事例として人の場合には，他者の言語（限定コード）を理解するために，自らの言語（限定コード）への翻訳作業をおこなうことが挙げられる。観光の現場では，地元のガイド・通訳が観光者側の言語を話すことで両者のコミュニケーションを可能にする。または観光者側の添乗員が通訳をするときは，自国語を相手側の言語に翻訳し，相手側の言語を観光者に翻訳する。このときの翻訳は，二つの異なる「限定コード」間のコミュニケーションを可能にする「精密コード」に基づいておこなわれている。

2）産業界と大学との間の「翻訳」

産官学民が連携する現場では，お互いが何を「肝要」「大事」だと考えているかを「翻訳」し，理解する必要がある。すなわちお互いの「限定コード」を理解するために肝要な部分をおさえる必要があるのである。企業が求める人材と大学が育てようとしている人材との間のギャップを観光庁が指摘しているという（豊田 2015）。2015 年 3 月開催の第 3 回関西観光教育コンソーシアム総会会場では和歌山大学学長も大学と企業のギャップについて語っていた。彼は観光系企業が求めるようなマネジメント中心の授業を学生に学ばせて企業へ就職させることで「学生はしあわせになる」のだろうかとの疑問を提出した。大学は学生が幸せになるように教育をおこなう場であると考えていると彼はいう。

大学は学生が幸せになるための，敷衍すれば人間・人類の幸せのための教育の場である。それに対し，企業は観光業が発展するためのマネジメント教育を大学に求める。日本の多くの大学では，人文・社会科学系の学問のように観光の実態を明らかにし，観光の社会的・文化的・存在論的な意味を探り，観光現象の批判的な検証に力を入れ，企業が求める科目内容を提供していないということになる。しかしながら「人類にとっての観光の目的」を少しでも意識する企業は，「人類の幸せ」のために何ができるかという考えに基づいた事業を自覚的に実践している。あらためていう必要もないが，観光産業の大きな目的は人間・人類の「よりよい生」「幸せ」のための観光を提供することである。目先の「売れ筋」だけの商品を求めるのは，企業方針としても浅薄なものになろう。

しかしこのような議論は大学内における議論であり，明日の存続をかけて戦う企業には受け入れられ難いものになる。そこで「翻訳」作業が必要になるのである。「人間・人類にとっての幸せ」を企業の言葉に「翻訳」する作業である。それはたとえば，「顧客満足度」「リピーター確保」という言葉への翻訳である。その翻訳を可能にするためには，目先の利益ではなく，顧客が満足し，リフレッシュをして英気を養い，次なる日常に新たな気力をもって挑戦できるような観光経験とは何かを考え，企業の言葉に「翻訳」することができる人材の育成が必要になるのである。企業ではビジネス・マネジメントだけに目先の注意が集中しがちであるが，求められているのは，人間の幸せには何が必要とされるのかについて考えることである。そしてそれを観光のコンテクストに置き換える「翻訳」作業ができる人材が必要とされているのである。

3）地域の人々とよそ者・若者の間の「翻訳」

地域の活性化やまちづくりの現場では「よそ者・若者」の参加が求められている。このような新規参入者が必要とされるのは（これまで当然と考えられ，深く議論されることがなかったが），モノ・コトを理解・解釈するコードが地域の人々とは異なっているからである。「異なる」コードでの読みとり・解釈が，地域にとって「新たな意味」や「より普遍的な価値」を開示してくれることになるのである。地域の人たちにとっては「当たり前」で特に注目する対象ではないモノでも，コードを異にする「他者」にとっては「重要な意味・価値」をもつモノであることを開示してくれることが，「よそ者・若者」の役割として期待されるのである。しかしながら，（コードを異にする）「他者」にとっての価値あるモノを発見したからといって何かがすぐに始まるわけではない。それを地域のコンテクストのなかに置き換え，地域の「コトバ」に「翻訳」する作業が必要になるのだ。

● 5-3 「翻訳」作業から「交流」のための仕掛けへ

観光まちづくりで現在先進的な活動をしている地域（川越，湯布院，内子，遠野，小国，札幌，小布施など）では，地域の人々が他地域に出向き「他者の視線」を獲得し，その「他者の視線」で自らの地域の価値を再認識している。彼らは，自分の地域内の日常的な資源であっても，他者にとっては十分に魅力的な「商品」となりうる可能性を秘めていることを学んだのである。しかしながらそれが地域にとってどのような意味をもち，地域にどのような利益をもたらすのかを地元の人々に「翻

訳」して提示し，説得し，「観光まちづくり」の活動に仕立て上げるのは，新たに加入する「よそ者・若者」の役割ではない。それは地域の有志，すなわち先ほど述べた「3人のバカ者」たちの役割である。モノはそれだけでは一過性の魅力にしかならない。後に述べるようにモノは，地域におけるモノとモノ，モノと人，人と人のネットワークのなかに位置づけられてそのエージェンシーを発揮する。さらにはよそからそのネットワークに参与する人やモノとの関係のなかで意味を再獲得するのである。ほかのさまざまな要因との関係において形成される地域でのネットワークが魅力を発揮するとき，遠くに住む観光者がリピーターとなり，サポーターとなるのである。一過性の大衆観光者の数だけを求めることには自ずと限界がくる。地域はむしろ安定して訪問してくれるファンを増やすべきであり，地域の人々とファンとの「交流」とその「交流人口」の増加にこそ注目すべきである。

この「翻訳」作業の密度の違いが，グローバルとローカルの違いになる。遠くに住む観光者であっても，ある地域を頻繁に訪れていると両者は近くなり，ついには相互にローカルだと感じるほどの関係になる。「交流」は物理的な遠近にはあまり左右されない。地理的に近くても交流が生じない場合もあるし，遠くてもファンとなり交流が活発となる場合もある。先に挙げた地域（川越，遠野，内子，湯布院）のみならず，郡上八幡や小布施，小国町（九州ツーリズム大学）や北海道の札幌（北海道ツーリズム大学，きたかんセミナー）などの地域では，地元の人々と交流する仕掛けが準備されており，よそからのファンを引きつけて「交流人口」を確保している。日常空間と観光空間との差異・境界が融解し，「交流観光者」がローカルな空間へと編成し直されていく事例であるといえよう。

観光人材育成のための理論構築において，限定コード間の「翻訳」を可能にするこの「新たな精密コードの生成過程」を明らかにする作業は重要である。

6 大学における観光実践活動に関する理論

現在観光系の科目を設置している大学では，正規の科目かまたはゼミの自主的な活動として観光の現場における実践教育がおこなわれている。2013年に発足した「関西観光教育コンソーシアム」においては教育実践やゼミ活動発表会が開催されている。観光系のコース・学科・学部をもつ大学においては実にさまざまな活動がおこなわれており，それぞれに成果もみられる。しかしながら，ほとんどすべての大学において観光に関わる実践活動がおこなわれているにもかかわらず，成果を相

互に評価できる共通の基準が存在していない。実践活動の動機としては，観光現場を経験させようという教育的な目的がまずあるが，その背景にはこれらの活動を高校生や企業に向けてアピールしようという大学側の事情もある。活動の学問的意味を不確かなまま据え置いて，とりあえず実施しようとしているのが現状である。

● 6-1　観光実践活動の理論化に向けて

　以上のような事情を踏まえて，観光学教育に関わる者は実践活動の理論的な考察の必要性についての議論を始めなければならない。その際には人類学の分野が参考になる。これまで「職人技」といわれてきたフィールドワークという実践活動を理論化しようという動きがみられる。フィールドワーカーが対象社会に入り込み，そこで信頼関係を築き上げ，生活をするなかでさまざまな現象を「異文化理解の視点」から読み解いていく作業は，近年まではフィールドワーカー個人の資質に依拠するものであり，教えることができないといわれてきた。文化人類学・民族学では大学院生や専門の研究者が中心で，自らフィールドワークの実践的技法を工夫して身につける時代が長かった。しかしながら，近年はフィールドワークの技法は，社会学・看護学・観光学などの分野に広がり，大学の初年次生や学部生の演習・実習などでも採用されるようになった。この流れのなかでフィールドワークの技法自体の相対化が必要になった。筆者も「1日フィールドワーク」（橋本 2011b）の技法について，日本文化人類学会監修の『フィールドワーカーズ・ハンドブック』で紹介した。このようなフィールドワーク技法を紹介する文献が集積していくなかで，フィールドワークについての理論が形成されつつあるのが現在の状況である。現場における観光実践活動が積み重ねられつつある観光学の領域においても，このような理論化が求められているのである。

● 6-2　基本的用語の観光学的再定義

　「観光人材育成のための理論構築」は観光学がなすべき課題である。まず，基本的用語を観光学的に再定義する必要がある。これは観光学からの「戦略的な定義付け」の必要性といい換えることができる。「地域における観光人材」というとき，「地域の人々」とは行政区画の住民を指すのか，それとも「地域に愛着をもつ人々」と広く再定義をするのか，どのような観光人材を育成するのか，などに関して，それが意図するところを明確にして戦略的に使い分けるための用語の再定義が必要である。それは，現行のホスピタリティ産業が望むような知識，マナー，振る舞いを

身につけた，業界の末端で役に立つ人材を供給するためではなく，「観光まちづくり」で地域のために貢献できる知識とノウハウを身につけ，「地域」の人々と交流し，コミュニケーションをとりながら主体的な「地域性の構築」に貢献できる人材を育成するために，戦略的に何をすべきかを明らかにすることにつながる。

また，それに加えて「地域性」の再定義も求められる。アパデュライ（2004：338-341）は，それを地域の人々が国家からの抑圧，グローバリゼーションで求められる画一性と戦いながら，独自の「地域性」を探し出し，地域の特徴として主張するものとして定義している。しかしそれは住民の移動などによって生成が阻まれる危険性もある，「脆い地域性」でもある（橋本 2011a：203）。連携における観光人材育成の理論化のために現場を見返すと，そこに関わる人々の行為・行動が不合理なものにみえる場合も多い。そのときなぜ彼らはそのように振る舞うのかを説明することも必要になる。自らが所属している文化的な文脈とは異なる人々の考え方や振る舞いをフィールドワークによって理解しようとする研究者は，人類学[3]のみならずほかの学問領域においても増えてきている。後に述べる ANT 的視点からは，他者やモノとの関係を通してエージェントが構築しようとするそれなりのネットワークとはどのようなものかを研究することも求められているのである。

7 観光人材育成に関する理論

本節では先（表 8-1）に挙げた 14 の理論のうち，13 の「アクティブラーニング」と 14 の「アクターネットワーク理論（ANT）」の視点から，観光人材育成の問題について考察する。

● 7-1 「観光まちづくり」におけるアクティブラーニング

「社会人セミナー」における「観光まちづくり人材教育」と大学の授業において，「北の観光まちづくりリーダー養成セミナー」（以下，「きたかんセミナー」）の人材育成教育で敷田が指摘したことは注目に値する（敷田 2015）。それは人材育成において何ができて，何ができないか，すなわち教育能力の見極めの必要性であっ

---

3) 早川公の『まちづくりのエスノグラフィー』（2018）は，つくば市北条地区にかかわる学生・大学院生の活動を，人類学的視点から丁寧に記述した読みごたえのある民族誌となっている。

た。敷田は，客観的評価が不可能なものは項目として取り入れるべきではないという。「きたかんセミナー」の特徴は，参加型のアクティブラーニングで，グループワークを中心にしていることである。実際の地域づくりは複数のアクターでおこなうので，組織的な知識創造が優先される。まちづくりでは知識習得よりも「今ある知識を人と一緒に活用する」ことが，すなわち「あるもの」を活用し，できないことは「隣のできる人」の専門知識を借用することが重要になる。チームによるグループワークでは，メンバーが納得しないプロジェクトは失敗の可能性が高くなるので，合意形成をいかにおこなうかが重要になる。

　「きたかんセミナー」の学びのプロセスは，「取材・調査」によって必要な知識を取り入れ，「議論」の場で考え，「発表」していく。そのステップを繰り返すのが大学での教育でもある。曖昧な「人間力」や「社会人基礎力」というような目標は，無限の努力を強いることになるので，「きたかん」では目標にしないことにしたと敷田はいう。しかし，そのような「人間力」や「社会人基礎力」も「分画」すれば，何とか育てられるものになると指摘する。「社会人基礎力」を，「専門分野の知識」「国際コミュニケーション能力」「異文化理解」「チームを組んで特定の課題に取り組む経験を積む」などに「分画」すれば個別に評価可能な能力になる。「きたかんセミナー」では「評価できる能力」でかつ「育てることができる能力」を養成することにしたという。「まちづくり能力」もいくつかに分画すれば，計測することは可能になる。ただし，「まちづくり」の活動をさせたのに「試験」で評価をすることは間違いで，評価方法と実践した活動をリンクさせることが必要であるという。

　「きたかんセミナー」では，「地域の観光まちづくりを主導的に推進していく人材」の養成を目的として，①「ネットワークを形成する力（ファシリテーション力，チーム形成力）」，②「知識を取り入れ，付加価値を生み出す力（情報収集分析力，企画力）」，③「発信する力（発信力，プレゼンテーション力）」を養い，そのうえの④「管理する力（マネジメント力，牽引力）」を養うことを目標としたという。きちんと「分画」をして，「情報収集力・分析力，企画力，発進力，マネジメント力」として説明し，学習者が何をどこまで学ぶかを明らかにすべきだと敷田はいう（敷田2015）。

● 7-2　大学における「新たな観光教育」の展開とアクターネットワーク理論（ANT）

1）観光の「全体」を明らかにする教育

　ANTは，観光の「全体」を明らかにすることを目指す研究と教育にとって，決

定的な転回を示唆するものである。これまでのビジネス実践やマネジメント面を主流とする観光研究・教育に対して，ANTを取り入れた研究・教育はそれとは逆の方向性を主張する。それは観光研究・教育のバランスをとることを可能にするという意味において重要な転回をもたらすものとなる。

　海外の観光系大学では「ビジネス・マネジメント」関連の科目が中心となっているのに対し，日本の大学では人文・社会科学関連の科目が多く，観光現象を調査・研究し，観光の現状を批判的に検証し，あるべき姿を研究する科目，いわば哲学的・一般教養的な学びを基盤にした科目が中心となっているといい，観光庁はビジネス・マネジメントを重視するカリキュラム編成を日本の大学に求めている。しかしながらここには重要な問題が見過ごされている。行政は，欧米やアジア諸国における観光系大学のカリキュラムを参考にしているが，そのようなカリキュラムを後追いしても日本の大学の独自性・先進性は担保されない。現在「クールジャパン」として海外から注目されている事象に，当初は日本の国家・行政は見向きもしなかった。現在日本の観光現場で進行している事象の解明は，海外の大学の後追いをしてビジネス・マネジメント系の科目を増やしても不可能である。また，現在日本で進んでいる「観光まちづくり」は，従来のマネジメント系科目では対応できない，地域の人々が主体となった「交流」を目的とする新たな「観光形態」である。この状況を解明するには，新たな研究方法と全体を見渡す理論が必要とされている。日本のこれまでの観光系大学のあり方こそ，逆に，注目すべき姿だと強調したい。もちろんそればかりが突出するのでは，大学教育におけるバランスが崩れることになる。またビジネス・マネジメント系の学問的知識と実践力をもった人材は観光系企業だけでなく，「観光まちづくり」の現場にも求められていることも強調する必要があろう。

　現在の観光研究・教育では，全体を見渡し，関係するすべての人やモノを「対称的」に扱う方法と理論が必要とされている。これまでの大学が提供していたようなノウハウを適用できる現場は存在しないと覚悟すべきである。人とモノとの区別なく現場を見渡し，何がエージェントとなり，どのようなエージェンシーが働き，それを受け取るのは何か，そして人と人，モノと人，モノとモノとがどのように混淆的なネットワークを形成しているのかを明らかにしていくことが求められている。大学の学生は「地域」という現場に出向いたときに，そこで何がどのように関係し合っているのかを観察する力を養う必要がある。マネジメントを学ぶことを否定するわけではない。それは基本的な能力として現場では求められており，大学で教え

るべき科目である。そのうえで，地域において，地域の人やさまざまなモノ，立場
の異なる人と人とのネットワークのあり方についてデータを収集し分析できる「基
礎的な力」の涵養が求められていると考えるべきである。

　近年，観光やまちづくりの現場で，「コトを売る」とか「単なるモノではなく，コ
トと人に触れる観光を目指す」といった内容の発言を聞くようになった。ANT的
視点からは，この発言は観光現象を極度に単純化しており，モノ・人・コトが複雑
に影響し絡み合ったネットワークが構築されている観光の現実を考察しようという
意図を頓挫させる危険性を含んでいるといわざるをえない。たとえば，世界遺産認
定・登録という行為にはユネスコの世界戦略が反映されており，それに申請しよう
とする地域の人々や国家の意図が絡み合っている。また長い歴史を経たモノは，そ
れ自体エージェンシーを発揮して人に作用することもある。「世界遺産」に登録さ
れるモノは，すでにさまざまな人々の思惑を喚起し，行動を促しているのである。
そのモノと人との複雑な関わり合いが「デキゴト（ここでいうコト）」となり，それ
に関する語りが「モノ語り」になるのである。

2)「認識論から存在論への転回」:「観光まちづくり」論の可能性

　現在のわれわれのほとんどがマスツーリズム的（＝資本主義的）な原理で動いて
いるとすると，それとは異なる「地域主体の，別の種類の地域資源・文化資源・人
材（財）をつくり上げ，少し違った仕方で世界をつくり上げていくことが必要なの
ではないか」との発想に至りつく。

　「認識論から存在論へ」の転回をおこない，関係的な存在論を基盤にして学問的な
認識論を刷新することは，何も人類学などの分野に限ったことではない。存在者を
存在せしめる装置として「関係（ネットワーク）」を措定することによって，各存在
者は自らの振る舞いを通じてほかの存在者を表現するものとなり，こうした物質＝
記号のネットワークがその動態を通じて自らに対する認識を産出する。こうして存
在論が認識論に再び接合される。ここには，全体の暫定的な画定という契機が含ま
れ，「部分 - 全体」関係が仮設され（久保 2011：50），世界の外側と内側を分かつ境
界自体が暫定的に画定（仮設）され，そしてネットワークの全体も再画定されてい
くという無限の過程となる。土壌学者やパストゥールなどの細菌学者もまた「自然
の実在」に計測装置や実験器具を縛りつけ，そのエージェンシーを世界の内部に組
み込むことで世界をつくり変えていく運動に参与していた（ラトゥール 2007；久
保 2011：39-40, 46）のであった。このように「世界を制作＝認識する」とは，単に

あらかじめ存在する世界内の事物を組み替えることではなく，世界それ自体の境界を内側から揺るがしながらこの世界を再編成していく営為であるとラトゥールはいう（ラトゥール 2007）。

地域人材育成をマスツーリズム的（現行の資本主義経済的）原理で，観光庁の求めるビジネス・マネジメント能力に力点をおく人材育成を目指すのか，これまでの観光系大学の主流となっている社会科学に力点をおき，資本主義的原理を批判的に検証する人材育成を目指すのかという選択が問題になっている。少なくとも地域で人材育成を目指すという視点からは，新たな価値観を「制作」することを目指す地域目線での観光「制作」によって，これまでとはどこか異なる仕方で世界をつくり上げること，すなわちこれまでの「われわれ」にとって異質な現実を提示することが求められているといえよう。ロウがいうように「方法が記述だけでなく，現実を制作するのを手助けしている」（Oppenheim 2007：482）のであるならば，すなわち世界をつくり上げる営為がそのまま世界を認識する営為にほかならないならば，われわれは世界を特定の仕方でつくり上げるからこそ，世界を特定な仕方で意味づけることになる（久保 2011：49）。また逆に，世界を特定の仕方で意味づけるからこそ，世界を特定の仕方でつくり上げるのである。こうした実践のただなかにおいて，世界（物質＝記号のネットワーク）そのものが自らに対する認識を産出するのである。

観光人材育成の理論構築において求められていることは，地域目線での観光を「制作」することによって新たな価値観が「制作」される過程を観察し，世界が新たな仕方で意味づけられ，一過性のマスツーリズムではなく，地域の人とモノとの「交流」を通して，いかに新たなネットワークが構築されるかを考察することである。その実践のなかに自らを位置づけることが観光人材育成には求められているのである。

8　おわりに

観光研究者を「ビジネスと研究」という二項対立的に分類するのは単純すぎると，C. レンらも主張している（Ren et al. 2010）。本章で問題としてきた観光研究と観光マネジメントを分けようとする主張への批判である。ANT 的視点からは，このような不毛な対立を超える展望をもつことが提案されている。1960 年代，70 年代は経済学・人類学・社会学などの第一世代の観光研究がおこなわれ，1980 年代，90

年代はビジネス・マネジメント系の研究が主流になり，今日ではネオリベラル的価値観をもった研究傾向がみられる（Ren et al. 2010：887）。すなわち観光研究自体が社会的な潮流の影響を受けており，また研究が社会変化に影響を与えてもいるという現実を考えれば，研究自体も常に交渉を受けた全体として提示されるべきものであることはいうまでもない。知識は，特権的な科学的な方法・実験によって生じると考えるのではなく，社会的産物であるという認識が必要である。サステイナブル・ツーリズムなどという理念はマスツーリズムに対する再帰的転回を示したものであった。ネットワークとアクターが時間的に経過した「集合的行為と進化」の結果として存在し，常に相関的で，存在物が複雑に混在し，結びついた結果であることに注目すべきなのである。

「観光の知」を構築する企ては，ビジネス・マネジメントか社会科学的研究かという二項対立で進められるべきではなく，両者のみならずすべての学問的実践を含んだ観光研究ネットワークの日々の営みのなかで追跡され，記述されることで構築されるべきものである。部分のなかで全体を推察し，全体へとつなげていく視点と姿勢（ストラザーン 2015；橋本 2018）が求められているのである。

【引用・参考文献】

アパデュライ，A. ／門田健一［訳］（2004）．『さまよえる近代―グローバル化の文化研究』平凡社

鏡味治也・関根康正・橋本和也・森山　工［編］（2011）．『フィールドワーカーズ・ハンドブック』世界思想社

久保明教（2011）．「世界を制作＝認識する―ブルーノ・ラトゥール×アルフレッド・ジェル」春日直樹［編］『現実批判の人類学―新世代のエスノグラフィへ』世界思想社，pp.34-53.

敷田麻実（2015）．「効果的地域人材育成とは？―北海道の北の観光リーダー養成事業の先進的トライアル」橋本和也・堀野正人・遠藤英樹・金武　創・岡本　健・森　正美・片山明久『観光まちづくりと地域振興に寄与する人材育成のための観光理論の構築 中間報告書』（科学研究費基盤研究（C）（課題番号：25501025）），19-26.

静岡県立大学短期大学部文化教養学科「文化人類学ゼミナール」（1991）．「新入社員研修―現代の通過儀礼」（第4期生）（1991年11月）

ストラザーン，M. ／大杉高司・浜田明範・田口陽子・丹羽　充・里見龍樹［訳］（2015）．『部分的つながり』水声社

ターナー，W. V. ／冨倉光雄［訳］（1988）．『儀礼の過程』思索社

豊田由貴夫（2015）．「観光人材育成に関する理論の構築は可能か？―立教大学観光学

部の事例から」橋本和也・堀野正人・遠藤英樹・金武　創・岡本　健・森　正美・片山明久『観光まちづくりと地域振興に寄与する人材育成のための観光理論の構築 中間報告書』（平成 25-28 年度科学研究費補助金基盤研究（C）（課題番号：25501025））, 3-10.

橋本和也（1980）.「Barth, Fredrik: *Ritual and knowledge among the Baktaman of New Guinea, 1975*」『民族學研究』*45*(3), 285-287.

橋本和也（1989）.「フィジーにおけるキリスト教受容の過程と実態—文化変容再考」『国立民族学博物館研究報告 別冊』*6*, 407-428.

橋本和也（2011a）.『観光経験の人類学—みやげものとガイドの「ものがたり」をめぐって』世界思想社

橋本和也（2011b）.「1 日フィールドワーク」鏡味治也・関根康正・橋本和也・森山　工［編］『フィールドワーカーズ・ハンドブック』世界思想社, pp.37-60.

橋本和也（2018）.『地域文化観光論—新たな観光学への展望』ナカニシヤ出版

橋本和也・杉本星子・松田　凡・森　正美（2006）.『「（人と人を結ぶ）地域まるごとミュージアム」構築のための研究 中間報告書』（平成 15-18 年度科学研究費補助金基盤研究（B）(2)（課題番号：15320123））

橋本和也・堀野正人・遠藤英樹・金武　創・岡本　健・森　正美・片山明久（2015）.『観光まちづくりと地域振興に寄与する人材育成のための観光理論の構築 中間報告書』（平成 25-28 年度科学研究費補助金基盤研究（C）（課題番号：25501025））

橋本和也・堀野正人・遠藤英樹・金武　創・岡本　健・森　正美・片山明久（2017）.『観光まちづくりと地域振興に寄与する人材育成のための観光理論の構築 最終報告書』（平成 25-28 年度科学研究費補助金基盤研究（C）（課題番号：25501025））

早川　公（2018）.『まちづくりのエスノグラフィ—つくばを織り合わせる人類学的実践』春風社

ファン・ヘネップ, A.／綾部恒男・綾部裕子［訳］（1977）.『通過儀礼』弘文堂

マキァーネル, D.／安村克己・須藤　廣・高橋雄一郎・堀野正人・遠藤英樹・寺岡伸悟［訳］（1989）.『ザ・ツーリスト—高度近代社会の構造分析』学文社

森　正美（2015）.「地域プラットフォーム型人材育成における学際性と専門性をめぐる課題」橋本和也・堀野正人・遠藤英樹・金武　創・岡本　健・森　正美・片山明久『観光まちづくりと地域振興に寄与する人材育成のための観光理論の構築 中間報告書』（平成 25-28 年度科学研究費補助金基盤研究（C）（課題番号：25501025））, 27-31.

ラトゥール, B.／川崎　勝・平川秀幸［訳］（2007）.『科学論の実在—パンドラの希望』産業図書

Barth, F.（1975）. *Ritual and knowledge among the Baktaman of New Guinea*. Oslo: Universitetsforlaget; New Haven: Yale University Press.

Gell, A.（1998）. *Art and agency: An anthropological theory*. Oxford: Clarendon Press.

Newman, P. L.（1965）. *Knowing the Gururumba*. New York: Holt, Rinehart and Winston.

Oppenheim, R.（2007）. Actor-network theory after science, technology, and society.

Anthropological Theory, 7(4), 471–493.

Paine, R. (1976). Two modes of exchange and mediation, In B. Kapferer (ed.), *Transaction and meaning: Directions in the anthropology of exchange and symbolic behavior*. Philadelphia: Institute for the Study of Human Issues, pp.63–86.

Ren, C., Pritchard, A., & Morgan, N. (2010). Constructing tourism research: A critical inquiry. *Annals of Tourism Research, 37*(4), 885–904.

Van der Duim, R. (2007). Tourismscapes an actor-network perspective. *Annals of Tourism Research, 34*(4), 961–976.

事項索引

A-Z
DMO　*90*
　観光―――　*90*
　地域連携―――　*90, 91*
　日本版―――　*39*
TEFI　*76*
　―――未来志向的ツーリズ
　　ム教育　*80*

あ行
アーティストインレジデン
　ス（AIR）　*155*
アートツーリズム　*145*
アクターネットワーク理論
　172, 176

移動（モビリティーズ）の
　時代　*20-22, 26, 28*
イニシエーション儀礼
　173
岩屋わいわいミーティング
　134
インフラストラクチャー
　57

宇治☆茶レンジャー　*84*
宇治魅力発信プラットフォ
　ーム　*128*

MM（モビリティ・マネジ
　メント）　*124*
L 型大学　*25*

か行
過疎化　*36*
観光　*27*
　―――DMO　*90*
　―――の負の力　*28*
　―――のまなざし論　*141*
　創造型―――　*97*

着地型―――　*33, 41, 42,*
　52, 68, 69, 140
　目的としての―――　*44*
観光学　*28, 29*
観光学部　*25, 27*
観光経営マネジメント人材
　育成　*109*
観光条例　*55*
観光政策　*53*
　集権的な―――　*53*
　分権的な―――　*53*
観光創造士　*77*
観光地域づくり人材育成
　109
観光地域づくり人材育成実
　践ハンドブック　*38*
観光地経営　*39*
観光文化　*161, 162, 176*
観光まちづくり　*33-35*
　―――人材　*45, 75*
　―――推進組織　*40, 41*
　―――ゼミ活動　*86*
観光立国推進基本法　*55*

企業人材　*59*
虚構の時代　*16, 19*

結果観光論　*35*
限定コード　*161, 162, 175,*
　176

さ行
3 人のバカ者論　*171, 179*
　→　ヨソモノ，バカモ
　ノ，スグレモノ，ワカモ
　ノ

G 型大学　*25*
集権的な観光政策　*53*
新規加入段階　*170, 172*

人材育成　*36, 38, 72*
新浜・浜町にぎわいづくり
　オフサイトミーティング
　132

精密コード　*161, 162, 175,*
　176
瀬戸内国際芸術祭　*146*

創造型観光　*97*

た行
大学設置基準の大綱化　*22,*
　23

地域観光マーケティングス
　クール　*42*
地域公共政策士　*120*
地域創生総合戦略　*52*
地域づくりコーディネータ
　ー　*117, 118*
地域と観光の問題　*33*
地域プラットフォーム　*80,*
　92
地域ブランディング戦略
　77
地域連携 DMO　*90, 91*
チーム型人材育成　*93*
着地型観光　*33, 41, 42, 52,*
　68, 69, 140

ツーリズム・モビリティ
　26

東京一極集中　*59*
閉じられたメッセージ・シ
　ステム　*175*

な行
日本版 DMO　*39*

は行

はみだし *159*

響け！元気に応援プロジェクト *97, 98*
開かれたメッセージ・システム *175*

ファシリテーター *118, 119, 141*
福知山味趣覧会 *136*
伏見桃山・中書島ゆらふプロジェクト *123*
フューチャーセンター *129*
プラットフォーム *22, 37, 40, 41, 46, 128, 138*
プロジェクト型学習（PBL） *83*
文化人類学 *79*

――的手法 *79*
分権的な観光政策 *53*

萌芽段階 *170, 172*
ポストディスプリナリ方法 *74*
ホスピタリティの搾取 *43*
ボランティア *59, 61*
――育成 *57*

ま行

街商人精神 *127*
まちづくり *115*
まちづくり人材の育成 *78*
まな旅サポート修学旅行 *81*

メッセージ・システム *175*
閉じられた―― *175*

開かれた―― *175*
目的としての観光 *44*
モビリティーズ・パラダイム *20*

や行

夢の時代 *15, 16*

ヨソモノ *140, 142*
ヨソモノ，バカモノ，スグレモノ，ワカモノ *36*
→ 3人のバカ者論
四六答申 *19*

ら行

理想の時代 *15, 16*
リゾート法 *34*

連携段階 *170*

人名索引

A-Z

Barth, F. *174*

Inglehart, R. *16*

Newman, P. L. *174*

Oppenheim, R. *185*

Van der Duim, R. *176*

あ行

アーリ（Urry, J.） *14, 20, 21, 26, 27*
アーンスタイン（Arnstein, S.） *115*
浅野智彦 *113*
東 徹 *35, 112*

アパデュライ，A. *22, 181*
油川 洋 *55, 58*

飯盛義徳 *138*
井口 貢 *35, 36*
池上 淳 *57*
石原武政 *127*
石原照敏 *34*
石森秀三 *35*
伊藤昭男 *35*

ヴァッティモ，G. *29*
上田恵美子 *35*
内田二郎 *96*

エリオット，A. *14, 20, 21*
遠藤英樹 *3, 4, 28, 113, 141*
延藤安弘 *119*

大社 充 *37*
大澤真幸 *4, 28, 113*
大橋昭一 *74-76*
岡﨑昌之 *117, 118*
岡田和宏 *68*
岡本 健 *112, 113*
織田直文 *115-118, 141*
小野寺初正 *55, 58*

か行

片山明久 *6, 7, 110, 130, 176*
金武 創 *5*

北川フラム *146-148, 150*
北川宗忠 *34*

久保明教 *184, 185*

人名索引　191

後藤健太郎　*55*
小西砂千夫　*53*
小濱　哲　*34*
小林好宏　*37*

さ行
佐々木一成　*37, 38*
佐藤郁夫　*37*

シェラー（Sheller, M.）
　26, 27
敷田麻美　*2, 3, 8, 36, 37,*
　77, 78, 169, 181, 182
滋野浩毅　*6, 8, 9*
神野直彦　*53*

スティグレール, B.　*28*
須藤　護　*112*
ストラザーン, M.　*186*

十代田朗　*37*

た行
ターナー, W. V.　*174*
高橋一夫　*46*
竹中平蔵　*23*

テット, G.　*79*
デリダ, J.　*29*

遠山敦子　*23*
十時　裕　*122*
冨山和彦　*25, 67, 68*
豊田由貴夫　*2, 76, 177*

な行
中野民夫　*119, 120, 137*
永山則夫　*17*

西尾　勝　*62, 66*
西田真哉　*119*
西村幸夫　*35-37, 140, 141*

野村恭彦　*129, 137*

は行
バーンスタイン, B.　*175*
橋本和也　*10-12, 28, 80,*
　160-162, 169, 172, 174,
　175, 180, 181, 186
パストゥール, L.　*184*
早川　公　*80, 181*
早崎正城　*34*
原田弘之　*38*
韓　準祐　*40*

廣岡裕一　*3*

ファン・ヘネップ, A.　*174*
福島明美　*2*
福武總一郎　*147, 148, 150*
藤崎慎一　*36*

ペイン（Paine, R.）　*175*
ベル, D.　*16*

ホーリンスヘッド
　（Hollinshead, K.）　*74,*
　75
堀　公俊　*119*

堀野正人　*4, 5, 34, 36, 40,*
　87, 141, 145
ボロック, J.　*26*

ま行
松村嘉久　*2*

見田宗介　*14, 15*

麦屋弥生　*38*

森　雅浩　*120, 137*
森　正美　*3, 6, 7, 79, 85,*
　169

や行
安村克己　*35*
山崎　亮　*116, 119, 120*
山田香織　*9, 10, 144, 146,*
　172
山村高淑　*110*

吉兼秀夫　*3*
吉田春生　*36*
吉見俊哉　*16, 17*
四本幸夫　*40*

ら行
ラトゥール, B.　*184, 185*

リオタール, J. -F.　*112*

レン（Ren, C.）　*185, 186*

ロウ, J.　*185*

執筆者紹介 (執筆順)

橋本和也（はしもと かずや）・編者
京都文教大学名誉教授。観光学術学会会長。
担当章：序・第8章

遠藤英樹（えんどう ひでき）
立命館大学文学部教授。
担当章：第1章

堀野正人（ほりの まさと）
奈良県立大学地域創造学部教授。奈良県立大学
副学長。
担当章：第2章

金武　創（かねたけ はじめ）
京都橘大学現代ビジネス学部教授。
担当章：第3章

森　正美（もり まさみ）
京都文教大学総合社会学部教授。
担当章：第4章

片山明久（かたやま あきひさ）
京都文教大学総合社会学部准教授。
担当章：第5章

滋野浩毅（しげの ひろき）
京都産業大学現代社会学部教授。
担当章：第6章

山田香織（やまだ かおり）
国立民族学博物館外来研究員。
担当章：第7章

人をつなげる観光戦略
人づくり・地域づくりの理論と実践

2019 年 6 月 15 日　　初版第 1 刷発行

　　　　　　　　　編　者　橋本和也
　　　　　　　　　発行者　中西　良
　　　　　　　　　発行所　株式会社ナカニシヤ出版
　　　　　　　　　〒606-8161　京都市左京区一乗寺木ノ本町 15 番地
　　　　　　　　　　　　　　Telephone　075-723-0111
　　　　　　　　　　　　　　Facsimile　075-723-0095
　　　　　　　　Website　http://www.nakanishiya.co.jp/
　　　　　　　　Email　iihon-ippai@nakanishiya.co.jp
　　　　　　　　　　　　　郵便振替　01030-0-13128

印刷・製本＝ファインワークス／装幀＝白沢　正
Copyright © 2019 by K. Hashimoto
Printed in Japan.
ISBN978-4-7795-1219-3

本書のコピー，スキャン，デジタル化等の無断複製は著作権法上の例外を除き禁じられています。本書を代行業者等の第三
者に依頼してスキャンやデジタル化することはたとえ個人や家庭内での利用であっても著作権法上認められていません。

ナカニシヤ出版◆書籍のご案内

表示の価格は本体価格です。

地域文化観光論

新たな観光学への展望　橋本和也［著］　「地域の人々」が自らの仕方で世界を作り変えるために——観光学にアクターネットワーク理論を用いた分析を導入する最新テキスト。　　　　　　　　　　　　　　　　　　　　　　　　　　　　　2600 円 + 税

ここからはじめる観光学

楽しさから知的好奇心へ　大橋昭一・山田良治・神田孝治［編］　観光学の初歩の初歩を，経営，地域再生，文化の三つの観点からわかりやすく紹介。観光に関心をもつすべての人のために。　　　　　　　　　　　　　　　　　　　　　2600 円 + 税

観光学ガイドブック

新しい知的領野への旅立ち　大橋昭一・橋本和也・遠藤英樹・神田孝治［編］　観光学ってどんな学問？　どう研究するの？　そんな疑問を解決すべく，方法論や観光事象をわかりやすくまとめた絶好の入門書。　　　　　　　　　　　　　　2800 円 + 税

観光空間の生産と地理的想像力

神田孝治［著］　ツーリズムとイメージの関係を探る。南国，聖性，自由…。戦前から現代まで，わたしたちは「観光地」に何をみたのか。　　　　　　　　2600 円 + 税

観光研究レファレンスデータベース　日本編

江口信清・藤巻正己［編著］　経済，社会，文化，あらゆる側面で重要性を増しつつある観光。日本における観光研究の文献を初めて整理，集成した貴重な大著。　　　　　　　　　　　　　　　　　　　　　　　　　　　　　5700 円 + 税

イスラミック・ツーリズムの勃興

宗教の観光資源化　安田　慎［著］　相反する価値観を持つ「宗教」と「観光」はいかに結びつくのか。イスラミック・ツーリズムを巡る思想的系譜と市場形成を明らかに。　　　　　　　　　　　　　　　　　　　　　　　　　　　3000 円 + 税

バリと観光開発

民主化・地方分権化のインパクト　井澤友美［著］　インドネシアのバリ州を事例として民主化・地方分権化以降の観光開発の特徴および地域社会の変容を明らかにする。　　　　　　　　　　　　　　　　　　　　　　　　　　　　　3200 円 + 税

[シリーズ] メディアの未来

❶メディア・コミュニケーション論

池田理知子・松本健太郎［編著］　メディアが大きく変容している今，コミュニケーションとメディアの捉え方を根底から問い，読者を揺り動かすテキストブック。2200 円＋税

❷.1 メディア文化論［第 2 版］

想像力の現在　遠藤英樹・松本健太郎・江藤茂博［編］　多様な形態のメディアが発達を遂げた現在，私たちをとりまく文化はどう変容しているのか。　　　　　　2400 円＋税

❸メディア・リテラシーの現在（いま）

公害／環境問題から読み解く　池田理知子［編］　螺旋状に広がる沈黙の輪を断つために──メディアと私たちの関係を公害／環境問題を軸に問い直し，新たな対話の地平を拓く。　　　　　　　　　　　　　　　　　　　　　　　　　　　　　　2400 円＋税

❹観光メディア論

遠藤英樹・寺岡伸悟・堀野正人［編著］　揺れ動くメディアと観光の不思議な関係を，最新の知見からやさしく読み解く。　　　　　　　　　　　　　　　　2500 円＋税

❺音響メディア史

谷口文和・中川克志・福田裕大［著］　19 世紀から現代に至るまで，音のメディアは，どう変容したのか？　その歴史を詳らかにし，技術変化と文化の相互作用を論じる。　　　　　　　　　　　　　　　　　　　　　　　　　　　　　　　2300 円＋税

❻空間とメディア

場所の記憶・移動・リアリティ　遠藤英樹・松本健太郎［編著］　テーマパーク，サイバースペース，境界，風景……多様な切り口から空間の意味と可能性を問い直す。　2700 円＋税

❼日常から考えるコミュニケーション学

メディアを通して学ぶ　池田理知子［著］　立ち止まり，考えて，振り返る──私たちと他者とをつなぐ「メディア」の分析を通して，コミュニケーション学とは何かを学ぶ。　　　　　　　　　　　　　　　　　　　　　　　　　　　　　　　2000 円＋税

❽メディア・コンテンツ論

岡本　健・遠藤英樹［編］　現代社会に遍在し氾濫するメディア・コンテンツを理論的，実務的視点から多角的に読み解く。　　　　　　　　　　　　　　　　　2500 円＋税

❾記録と記憶のメディア論

谷島貫太・松本健太郎［編］　記憶という行為がもつ奥行きや困難さ，歴史性，そしてそれらの可能性の条件となっているメディアの次元を考える。　2600円＋税

❿メディア・レトリック論

文化・政治・コミュニケーション　青沼　智・池田理知子・平野順也［編］　コミュニケーションが「不可避」な社会において，私たちの文化を生成するコミュニケーションの力＝レトリックを事例から検証する。　2400円＋税

⓫ポスト情報メディア論

岡本　健・松井広志［編］　情報メディアに留まらない，さまざまな「人・モノ・場所のハイブリッドな関係性」を読み解く視点と分析を提示し，最新理論と事例から新たなメディア論の可能性に迫る。　2400円＋税

出来事から学ぶカルチュラル・スタディーズ

田中東子・山本敦久・安藤丈将［編］　身の回りで起きている出来事，社会や文化，政治や社会運動……文化と権力の関係を捉えるための議論や視座を学べる入門テキスト。　2500円＋税

交錯する多文化社会

異文化コミュニケーションを捉え直す　河合優子［編］　日常のなかにある複雑なコンテクストと多様なカテゴリーとの交錯をインタビューやフィールドワーク，メディア分析を通じて読み解く。　2600円＋税

越境する文化・コンテンツ・想像力

トランスナショナル化するポピュラー・カルチャー　高馬京子・松本健太郎［編］　現代のトランスナショナルなコミュニケーションはどのように行われているのか。日本をはじめ世界各国のさまざまな文化的越境を考える。　2600円＋税

フードビジネスと地域

食をめぐる文化・地域・情報・流通　井尻昭夫・江藤茂博・大崎紘一・松本健太郎［編］　現代の食と地域をめぐる関係性を多角的に考察。　2700円＋税

サイレント・マジョリティとは誰か

フィールドから学ぶ地域社会学　川端浩平・安藤丈将［編］　現地を歩き，出会い，話を聞き，現実へと一歩踏み込む。地域社会という言葉が覆い隠してしまう私たちの想像力を再び活性化するために。　2300円＋税